Sabine Asgodom
Hermann Scherer

Jetzt komm ich!

Sabine Asgodom
Hermann Scherer

Jetzt komm ich!

Wie Frauen durch Marketing in eigener Sache nach oben kommen

mvg

Die Deutsche Bibliothek – CIP-Einheitsaufnahme

Asgodom, Sabine:
Jetzt komm ich! Wie Frauen durch Marketing in eigener Sache nach oben kommen / Sabine Asgodom / Hermann Scherer. – 2. Aufl. – Landsberg ; München : mvg, 2002
ISBN 3-478-73222-0

2. Auflage 2002

Umschlaggestaltung: Atelier Seidel
Satz: Fotosatz H. Buck, Kumhausen
Druck- und Bindearbeiten: Himmer GmbH, Augsburg
Printed in Germany 73222/801602
ISBN 3-478-73222-0

Inhalt

Einleitung: Der erste Business-Roman für Frauen 7

1. Kapitel: Julia will nach oben 11
2. Kapitel: Angebote aufpeppen mit Alfredo 19
3. Kapitel: Besprechungen beschleunigen mit Beatrice 39
4. Kapitel: Couragiert Contra geben bei Constanze 51
5. Kapitel: Drastischer Druck beim Dresskauf 69
6. Kapitel: Elementare Erkenntnisse mit Emil 83
7. Kapitel: Freche Fakten formulieren 97
8. Kapitel: Gegenleistungen geschickt gewinnen 125
9. Kapitel: Hochzeit mit Herz und Heike 137
10. Kapitel: Ideale Ideen beim Interview 149
11. Kapitel: Jubel, Jackpot und ein Ja 165
12. Kapitel: Komplimente und Kerzenlicht mit Kai 183

Nachwort: Und die Moral von der Geschicht'? 195

Dank 196

Zu den Autoren 197

Literaturverzeichnis 201
Stichwortverzeichnis 203

Einleitung:

Der erste Business-Roman für Frauen

Jetzt komm ich! Wie viel Schwung steckt in diesem Satz. Kann man dann ein langweiliges Buch darüber machen? Nein, das wäre eine Sünde. Wie schaffen wir es, unsere Leser/innen gleichzeitig zu informieren, mit Strategien zu versorgen und dabei auch noch zu unterhalten? Das haben wir uns gefragt. In den Regalen der Buchhandlungen finden wir meist zwei Kategorien: Romane, die von ihren Leser/innen „verschlungen" werden, herrliche Unterhaltung. Und auf der anderen Seite Sachbücher, gescheit, gesetzt, und hilfreich. Da kamen wir auf die Idee, das Beste beider Welten zu verbinden: Unterhaltung und Information – im ersten deutschen Business-Roman für Frauen!

Menschen erinnern sich an Geschichten, das haben wir bei unseren Vorträgen als Trainer/in immer wieder festgestellt, noch Jahre später erinnern sie sich an Anekdoten, die wir einmal erzählt haben. Denn Geschichten erzeugen Bilder im Kopf der Zuhörer/innen, und an Bilder kann man sich erinnern. Also ist es doch sinnvoll, Botschaften, die man rüberbringen will, in Bilder zu kleiden. So sind wir auf die Idee gekommen, Aha-Erlebnisse in Form von Metaphern zu kleiden. Metaphern, so haben Wissenschaftler herausgefunden, erreichen 80 Prozent unseres Nervensystems, während analytisch bewusstes Denken nur sieben Prozent aktiviert.

Lesen mit Leib und Seele, viele von uns kennen das. Erinnern Sie sich noch, wie Sie sich als Kind in einem Buch „festgelesen“ haben, die Rufe der Eltern nicht mehr hörten, mit der Taschenlampe unter der Bettdecke oder unter der Schulbank weitergelesen haben – mit keiner Strafe konnte man uns davon abhalten.

Warum ist dann manchmal als Erwachsener Lesen eine Strafe? Warum müssen wir den Stapel neben dem Schreibtisch „abarbeiten“, quälen uns durch die Lektüre?

Wir Autoren sind selbst ja auch Leser, kommen an keiner Buchhandlung vorbei. Und wir stellen immer wieder fest, wie mühsam es manchmal ist, ein Buch von Anfang bis zum Ende zu lesen. Wie viele Sachbücher haben wir schon halb gelesen zur Seite gelegt, um dann weiter zu lesen, wenn wir mal wieder „Zeit haben“. Mit einem spannenden Krimi geschieht das nie!

Was zeichnet einen guten Roman aus? Figuren, die leben und deren Schicksal uns berührt und interessiert (nicht umsonst lesen wir manchmal vor lauter Anspannung die letzten Seiten zuerst). Die Figuren in unserem Business-Roman sind aus der ganz konkreten Arbeitswelt, sie könnten Ihre Kollegin, Ihre Chefin sein. Die „Kollegin“ Julia Harding wird Sie durch dieses Buch führen, sie stand quasi als Ihre Stellvertreterin bei unseren Überlegungen im Fokus. Sie stellt die Fragen, die Sie vielleicht auch bewegen.

Und am Beispiel der „Chefin“ Christine Engels möchten wir Ihnen zeigen, wie Frauen durch „Marketing in eigener Sache“ nach oben kommen können. An Christines sympathischen Beispielen können Sie Tipps und Kniffe lernen, die wir in bunten Geschichten erzählen, und die Sie noch einmal strukturiert und zusammengefasst in unserem kleinen Pocket Guide finden. Damit Sie vor allen Gelegenheiten noch einmal kurz nachschauen können: Wie hat Christine das noch einmal gemacht?

Beim Lesen und bei der Umsetzung wünschen wir Ihnen Spaß und viel Erfolg!

Ihre

Sabine Asgodom *Hermann Scherer*

1. Kapitel:

Julia will nach oben

„Eine klasse Idee“, hatte Julia Harding schon beim Einstellungsgespräch gedacht. Um die ehrgeizige junge Designerin möglichst rasch und umfassend mit der Philosophie und den Strategien ihres neuen Arbeitgebers „Office“ vertraut zu machen, hatte ihr das Unternehmen einen persönlichen Mentor zur Seite gestellt, der sie nun schon einige Monate als ständiger Ansprechpartner begleitete.
Jan Keller war ebenfalls Designer und schon vier Jahre bei Office, einem exklusiven Büromöbelhersteller, beschäftigt. Er sollte Julia nicht nur in ihre Aufgabengebiete einführen, sondern zugleich Fragen – etwa zur Organisation der Firma, zur Kommunikation mit der Geschäftsleitung oder zu den Möglichkeiten des Aufstiegs – beantworten.

Letztere interessierten Julia besonders, denn sie sah ihre momentane Tätigkeit nur als Zwischenstation. Sicher konnte sie schon einige kleinere Entwicklungen bei Office mitgestalten, aber ihre eigenen Ziele hatte sie höher gesteckt. Eine eigene Produktlinie entwerfen, präsentieren und dann als Kopf eines eigenen Teams umsetzen – ja, da wollte sie einmal hin. In eine Position, wie sie Christine Engels inne hatte, die als Prokuristin und Entwicklungschefin für das Segment Büromöbel ihre ganze Kreativität in die Waagschale werfen konnte.

Was die fachliche Kompetenz betraf, glaubte sich Julia ihrem Vorbild Christine Engels durchaus ebenbürtig. Aber sie hatte mittlerweile gemerkt, dass es nicht allein auf die fachlichen Qualifikationen ankam. Immerhin hatte sie in ihrer letzten Firma jahrelang zugesehen, wie andere schneller vorangekommen waren und häufiger den „Zuschlag" beim Chef erhalten hatten als sie – und das mit meist schlechteren Ideen. Ihre Beschwörungsformel „Wenn ich gut bin, so werden es die anderen ja auch irgendwann von alleine merken" wollte sie daher nun endlich ad acta legen. Niemand würde ihre besonderen Fähigkeiten und Talente entdecken, wenn sie nicht lernen würde, diese besser zu „verkaufen". Das hatte sie inzwischen begriffen.

Vor kurzem hatte sie während eines Vortrags von einer interessanten Studie gehört: Im US-Unternehmen IBM waren Vorgesetzte gefragt worden, welche Kriterien dafür verantwortlich sind, ob jemand Karriere macht oder nicht. Drei Hauptfaktoren waren dabei herausgekommen: Leistung, Selbstdarstellung und Kontakte/Beziehungen. Was Julia fast umgehauen hatte, war die Gewichtung der Faktoren: Leistung spielt nur zu zehn Prozent eine Rolle, Selbstdarstellung zu 30 Prozent, aber Kontakte und Beziehungen zu 60 Prozent.

Die Referentin hatte dazu gesagt: Leistung sei die Basis, aber sie zähle nur, wenn sie auch sichtbar gemacht würde. Es komme also darauf an, dass die richtigen, wichtigen Leute im Unternehmen von Talenten, Stärken, Ideen und Erfolgen erführen. Und daran könne man mit Marketing in eigener Sache, die Referentin nannte die Methode „Selbst-PR", selbst eine Menge tun.

Julia war deshalb froh, dass ihr Mentor Jan sie bei ihrer ganz persönlichen Entwicklung begleitete – und das auf eine besonders wirkungsvolle Art und Weise. Der erfahrene Designer zeichnete für sie die Erfolgsgeschichte von Christine Engels bei Office nach. Eine wirksame Methode! Die Nachwuchskräfte konnten so am Vorbild von Christine die wesentlichen Prinzipien des Erfolgs kennen lernen – und für sich selbst in die Praxis umsetzen.

Die „Sprache des Erfolgs" lehren – so umschrieb Jan seine Aufgabe mit einer griffigen Formel. Und um das möglichst plastisch tun zu können, brachte er seinen Schützlingen Christines Aufstieg in Form von interessanten Schlüsselstorys nahe. Er war ein guter Erzähler, nahm sich Zeit, und ging auch auf Detailfragen gekonnt ein.

So wurden die Gesprächsstunden mit Jan für Julia mindestens ebenso spannend wie die tägliche Arbeit bei Office. „Welchen Buchstaben des Erfolgs lernen wir heute?", pflegte sie ihren Mentor vor den Karrieregesprächen stets mit einem Augenzwinkern zu fragen. Und immer hatte er Kapitel aus dem beruflichen Leben von Christine parat, deren Inhalt Julia umgehend in der Praxis anwenden konnte.

Die Art, wie bei Office gearbeitet wurde, machte ihr das leicht. Für die Entwicklung neuer Produkte oder Büromöbelserien gab es zwar mehrere Teams, doch „Newcomern" wurde häufig die Chance eingeräumt, sich – vor allem bei außergewöhnlichen Serien – am hausinternen Wettbewerb zu beteiligen. Julia durfte sich beispielsweise schon einmal als Designerin eines avantgardistisch gestylten Bürostuhls versuchen.

Und natürlich gab es im Laufe der Zeit auch andere Gelegenheiten, die Wirksamkeit von Jans „Sprache des Erfolgs“ zu testen: etwa bei der Gehaltsverhandlung mit ihrem Chef. Zum Erfolg gehörte schließlich eine entsprechende finanzielle Honorierung, und je mehr Julia bewegte, desto höher sollte diese ausfallen.

Ganz nebenbei lernte Julia durch Jans Geschichten auch für das Privatleben. Sich präsentieren und verkaufen, effizient kommunizieren und verhandeln – solche Fähigkeiten ließen sich tagtäglich auch außerhalb des Büros sehr gut einsetzen. Ob im Bemühen um die Traumwohnung bei einem Makler oder beim Verhandeln um einen schicken Rabatt in einem Geschäft. Neben den beruflichen Erfolg trat eine wachsende Zufriedenheit im Privatleben – Jans Geschichten von Christines Schlüsselerlebnissen zahlten sich für Julia also doppelt aus.

Julia musste nach den Karrieregesprächen mit Jan so manches Mal an ihre Freundin Gabi denken, die als Unternehmensberaterin arbeitete. Gabi hatte ihr schon vor Jahren gesagt: „Es gibt heute ganz gewisse Spielregeln, die alle erfolgreichen Unternehmen anwenden. Sie wissen, dass der Wettbewerb in der globalisierten Wirtschaft immer stärker zunehmen wird, während sich die Produkte hinsichtlich ihrer Qualität immer weniger unterscheiden werden. Es kommt also darauf an, gute Qualität gut zu vermarkten! Heute heißt das Motto: Menschen verkaufen Marken. Die Persönlichkeit der Mitarbeiter wird also immer wichtiger – und wie sie im Umgang mit Kunden bestehen.“

Ein prägnantes Beispiel hatte die erfolgreiche Unternehmensberaterin auch zur Hand gehabt: „Stellen wir uns einmal einen Lebensmittelhändler vor. Der möchte sich von der Konkurrenz absetzen und überlegt sich deshalb eine besondere Aktion – zum Beispiel lässt er den Bürgermeister der Stadt mit Schokolade aufwiegen und spendet diese dem Kinderheim. Oder er konzipiert eine italienische Woche mit Verkostungen von Chianti und Parma-Schinken.

Aber wann wird er richtig Erfolg haben? Nur, wenn er diese Events in schneller Folge veranstaltet. Denn dann werden die Leute aufmerksam und sagen: ‚Der gibt ja richtig Gas und lässt sich was für uns einfallen.' Gute Selbst-PR vergleiche ich immer gern mit einem Fitnessprogramm: Wer einmal in ein Fitnessstudio geht und sich drei Stunden quält, bekommt als Ergebnis höchstens einen furchtbaren Muskelkater. Wer aber täglich eine Viertelstunde trainiert, hat langfristig Erfolg."

Die „Dreischritt-Methode" hatte Gabi das genannt: „Sie funktioniert wirklich in allen Bereichen – in Unternehmen genauso wie bei der Entwicklung der eigenen Person. Erst wenn du mehrere Dinge in kurzem Zeitraum hintereinander richtig gut machst, dann hebst du dich von der großen Masse ab, und es wird dementsprechend viel Positives von dir wahrgenommen."

An diese Dreischrittmethode fühlte sich Julia bei Jans Erzählungen von Christine erinnert. Jedes der Kapitel war schließlich so etwas wie ein Mosaikstein auf dem Weg Christine Engels zum Erfolg – wenn Julia diese Beispiele auf ihr eigenes Leben übertragen könnte, würde sie ihre fachlichen Qualitäten durch eine ausgeprägte soziale Kompetenz perfekt ergänzen. Es gab ein ABC des Erfolgs, das sie buchstabieren lernen wollte. Und niemand konnte diese „Sprache des Erfolgs“ so gut vermitteln wie Jan, der ihr mit auf den Weg gab: „Erfolg ist kein Geschenk des Himmels oder angeboren. Erfolg ist machbar.“

Checkliste zum 1. Kapitel: Erfolg ist machbar

1. Suchen Sie sich einen persönlichen Mentor/eine Mentorin, der/die Sie als Ansprechpartner begleitet.

2. Lernen Sie, Ihre Talente und Fähigkeiten noch besser zu verkaufen. Denken Sie daran, Leistung allein zählt nicht, sie muss sichtbar gemacht werden.

3. Lernen Sie die „Dreischritt-Methode“: Erst, wenn Sie mehrere Dinge in kurzem Zeitraum hintereinander richtig gut machen und das auch kommunizieren, heben Sie sich von der großen Masse ab und dementsprechend viel Positives wird von Ihnen wahrgenommen.

4. Lernen Sie das ABC des Erfolgs: Erfolg ist kein Geschenk des Himmels oder gar angeboren. Erfolg ist machbar!

2. Kapitel:

Angebote aufpeppen mit Alfredo

Schon in ihrer zweiten Woche bei Office traf sich Julia das erste Mal mit Jan Keller zum Karrieregespräch. Beide waren übereingekommen, alle zwei Wochen ein Meeting außerhalb der Tagesroutine zu machen. „Dann hast du in fünf Monaten die Sprache des Erfolgs gelernt“, versprach Jan, „und zwischendurch bleibt dir genug Zeit, diese Erfolgsmethode in der Praxis zu üben. Fangen wir also mit A an, A wie Angebote aufpeppen.“ Und dann erzählte Jan, wie Christine Engels gelernt hatte, ihre Ideen wirkungsvoll zu verkaufen.

Wie immer nach dem Einschalten ihres Computers, leerte Christine an diesem Montag Morgen in ihrem Büro als erstes ihr elektronisches Postfach. Inzwischen war ja die Korrespondenz per E-mail nicht mehr wegzudenken – privat nicht und im beruflichen Alltag schon gar nicht. An diesem Morgen hatte sie dreizehn neue Posteingänge, von denen einer besonders wichtig war, nämlich eine Einladung zu einer großen Präsentation, bei der Christine ihre neuen Entwürfe vorstellen sollte:

„Liebe Christine, unser hausinternes Gremium würde ganz gerne die ersten Fakten zu Ihrer neuen Produktlinie hören.

Bitte merken Sie sich doch nächsten Dienstag als Termin vor. Ort der Veranstaltung wird das große Besprechungszimmer in unserer Niederlassung sein. Herzliche Grüße, Werner Friedhelm, Geschäftsleitung."

Nächsten Dienstag schon, du meine Güte! Die Kaffeetasse, die sie gerade zum Munde führte, zitterte leicht. Natürlich freute sich Christine über das Interesse der Entscheider bei Office, aber ein wenig unwohl fühlte sie sich schon dabei. Schließlich war dies die erste große Möglichkeit, ihre durchaus ausgefallenen Ideen wichtigen Führungskräften ihres Hauses nahe zu bringen. Sicher, ihre Entwürfe waren außergewöhnlich gut durchdacht, aber würde sie davon auch das berüchtigte Gremium überzeugen können?

„Mensch, nur noch sieben Tage, um mich vorzubereiten", Christine lief eine Gänsehaut über den Rücken. Sie spürte die plötzliche Anspannung in ihrem Körper von den Zehen bis zu den Haarspitzen. War das etwa Angst? Sie kannte dieses lähmende Gefühl aus den Anfängen ihrer Berufstätigkeit. Solange sie noch nicht wusste, was sie wirklich konnte, hatte sie jedes Mal Höllenqualen gelitten, wenn sie vor eine neue Aufgabe gestellt wurde. Im Laufe der Jahre und mit wachsender Sicherheit hatte sich dieses entsetzliche Gefühl immer mehr gelegt.

Christine horchte in sich hinein. Nein, dachte sie, das ist keine Angst, aber das Gefühl der totalen Herausforderung. Das Adrenalin schoss durch ihren Körper, um sie total wach zu machen, die volle Konzentration auf die gestellte Aufgabe zu richten. Seit sie sich mit diesem Gefühl des Aufgeregtseins und des Lampenfiebers angefreundet hatte, schien es ihr viel weniger bedrohlich. Vor Referaten beispielsweise, wenn sie spürte, dass ihre Hände feucht wurden und sich an ihrem Hals rote Flecken zeigten, begrüßte sie das Lampenfieber geradezu: „Ach, hallo, da bist du ja wieder. Pass nur auf, in zwei, drei Minuten bist du wieder weg." Sie hatte gelernt, nicht dagegen anzukämpfen, und umso schneller verschwand die Nervosität auch wieder.

Auch diesmal bekam sie den Adrenalinschub schnell wieder in den Griff: Durch den offenen Mund schnaubte sie laut ihren Atem aus; ballte die Fäuste und streckte ihre Arme aus. Ja! Sie würde die Herausforderung annehmen. Dieser Auftritt vor dem hausinternen Gremium war ihre große Chance, jetzt konnte sie zeigen, was in ihr steckte. Präsentation, ich komme!

An dieser Stelle unterbrach Jan Keller die Karrieregeschichte. „Ich denke, ich sollte kurz erklären, was es mit diesem hausinternen Gremium auf sich hat, von dem du ja auch schon gehört hast" sagte er zu Julia.

„Office war früher ein nur in München ansässiges Unternehmen. Später fusionierte es mit einer Firma in Düsseldorf. Zur Zeit dieser Fusion beschäftigte die Öffentlichkeit gerade eine heftige Debatte über den Wirtschaftsstandort Deutschland, bei der es unter anderem um die Bedeutung des Wettbewerbs ging. Diskutiert wurde beispielsweise über die Automobilbranche. Wie kam es, dass diese gerade in Deutschland so stark war? Wieso gehörten gleich mehrere deutsche Automobilhersteller zu den weltweit führenden ihrer Branche? Die gefundene Antwort war genauso einfach wie verblüffend: Gerade weil es mehrere Hersteller gab, waren diese im weltweiten Vergleich so gut, denn der Wettbewerb zwang alle zu Höchstleistungen.

Diese Erkenntnis, dass Konkurrenz, also Wettbewerb, die Leistungen einzelner verbessert, nutzte die Geschäftsführung von Office. Nach der Fusion des Münchner Unternehmens mit dem ehemaligen Wettbewerber aus Düsseldorf wurden die Designer aus den beiden Standorten nicht in ein Team integriert. Von zwei, miteinander im hausinternen Wettstreit stehenden Gruppen, erhofften sich die Verantwortlichen bei Office vielmehr eine Belebung und qualitative Verbesserung der Leistungen. Mit Recht, wie sich herausstellte – deshalb wurden diese zwei Teams bis heute beibehalten.

Natürlich bedurfte es bei dieser Situation der Etablierung eines fairen Verfahrens, nach dem unter den Vorschlägen der beiden Design-Teams ausgewählt werden konnte. Office bildete daher ein Komitee aus zwölf Personen, dem jeder Entwurf präsentiert werden musste. In dieser Jury saßen fünf Leute aus dem engeren Führungskreis des Unternehmens: Christines Chef Werner Friedhelm, Beatrice Dall, Udo Pauls, Rainer Wagner vom Marketing und Walter Zirn, der Vertriebsleiter. Hinzu kamen sieben ausgewählte Vertriebsmitarbeiter. Letztere waren ganz bewusst mit hinzugezogen worden. Schließlich mussten sie die Büromöbellinie später am Markt verkaufen! Vor diesem Gremium also sollte Christine ihre neue Produktlinie präsentieren – die erste, die sie eigenständig entwickelt hatte und an der natürlich ihr Herz hing.

„So also ist dieses Gremium entstanden", sagte Julia, die auch schon von dem knallharten Auswahlverfahren gehört hatte. Die Entstehungsgeschichte hatte ihr bisher aber noch niemand detailliert erläutert. Nun aber wollte sie wissen, wie es mit Christine weiterging. Jan fuhr fort …

Natürlich überlegte Christine, wie sie die verbleibende Zeit – es war immerhin nur eine Woche – bis zu ihrer Erst-Präsentation für eine optimale Vorbereitung nutzen konnte. Da kam ihr eine der anderen Mails dieses Morgens gerade recht, denn deren Absender verstand etwas von Präsentationen. Es war Alfredo, Christines enger Vertrauter und Vertriebspartner von Office aus Italien.

Alfredo hatte bereits von Christines bevorstehendem Präsentationstermin erfahren und sie aus diesem Grund angemailt und ihr angeboten, telefonisch noch ein paar Tipps zur Vorbereitung zu geben. „Das mache ich jetzt gleich“, überlegte sich Christine und wählte Alfredos Nummer.

„Pronto. Alfredo.“ Christine freute sich über die vertraute Stimme. „Alfredo, hier ist Christine“, meldete sie sich, „wie geht es dir?“ – „O, cara mia,“ antwortete der nette Kollege, „Molto bene, du kommst ja ganz groß raus. Ich freue mich für dich.“ Etwas ungeduldig kam Christine gleich zur Sache: „Du, für die Präsentation, du sagst, du hast ein paar Ideen für mich?“ fragte sie gespannt.

Alfredo antwortete prompt: „Subito. Denke bei deiner Präsentation bitte vor allem daran, dass du unbedingt eine sogenannte ‚irresistible offer‘ brauchst.“

„Kannst du das auch auf Deutsch sagen?“ erwiderte Christine. Alfredo wurde deutlicher: „Die meisten Menschen nutzen bei Präsentationen ihren Wissensvorsprung nicht aus. Dabei ist dieser für gewöhnlich sehr groß, schließlich haben sie sich selbst schon sehr lange und intensiv mit ihrem Projekt beschäftigt. Im Vergleich dazu weiß ihr Publikum, vor dem sie präsentieren müssen, relativ wenig.“

Christine hakte sofort nach: „Ja, mein Publikum hat sich ja auch noch nie zuvor mit meinen Ideen auseinandergesetzt." „Ganz genau, Christine. Gerade deshalb ist es so entscheidend, dass du all die für dich selbstverständlichen Dinge noch einmal formulierst und aufzählst. Was ist denn überhaupt dein Ziel bei dieser Präsentation? Was ist dir wichtig?"

Christine überlegte kurz und antwortete: „Natürlich ist es mir wichtig, dem Gremium meine Produktlinie aufzuzeigen."

Christine merkte sofort, dass Alfredo diese Auskunft viel zu wenig konkret war. Und schon forderte sie ihr italienischer Freund auf: „Denk noch mal darüber nach, warum du eigentlich zu dieser Präsentation vor dem Gremium eingeladen worden bist – doch sicher nicht nur, um deine Produkte zu zeigen, oder?"

„Natürlich möchte ich keine neutrale Reaktion", gab Christine zu. „Ich möchte die Menschen für meine Ideen gewinnen. Gerade die Mitglieder des Gremiums. Je mehr ich diese begeistern kann, desto eher werden sie meine Entwürfe denen meiner Konkurrenten vorziehen. Und das ist ja mein Ziel. Die Produktlinie soll schließlich nicht nur ein Papiertiger bleiben, sondern einmal in reale Möbel umgesetzt werden."

„Jetzt sind wir schon einen wesentlichen Schritt weiter", freute sich Alfredo und ergänzte: „Diese Einladung zum Treffen ist eine Chance, die du nutzen musst. Dazu gehört ein überzeugendes Auftreten, denn nur so kannst du dich profilieren."

„Okay, genau das ist notwendig. Ich muss dafür sorgen, dass diese Entscheider von meinen Entwürfen und den dahinter stehenden kreativen Ideen begeistert sind. Du hast das ja bei einem unserer letzten Gespräche mit dem Begriff ‚Idea-Selling' oder ‚Ideen verkaufen' umschrieben. Und vom Grundsatz her ist mir das auch alles klar. Ich muss mein Angebot, also meine Entwürfe, so präsentieren, dass der Funke meiner eigenen Begeisterung auf meine Zuhörer überspringt. Nur: Wie erreiche ich das?"

Alfredo nahm ein Beispiel zur Hilfe: „Hast du den Film ‚Ein unmoralisches Angebot' mit Demi Moore und Robert Redford gesehen?"

„Natürlich", antwortete Christine lachend und erinnerte sich, „ein Superfilm, ich habe ihn dreimal gesehen. Aber was hat der mit meiner Präsentation zu tun?"

„Eine ganze Menge", betonte Alfredo, „denn die Million Dollar, die Redford für eine Nacht mit Demi Moore geboten hat, sind ein unwiderstehliches Angebot gewesen. Hunderttausend Mark wären dagegen vielleicht zu wenig gewesen."

Christine war nun klar, was Alfredo mit ‚irresistible offer' genau gemeint hatte – ein wirklich unwiderstehliches Angebot. „Meine Ideen müssen also unwiderstehlich sein!" übertrug sie Alfredos Beispiel auf die eigene Situation.

„Ganz genau. Du musst die Vorzüge deiner Entwürfe so überzeugend darstellen, dass es unmöglich ist, deiner Produktlinie, deinen Ideen zu widerstehen. Die Zuhörer müssen bei deinem Angebot die Ideen deiner Konkurrenten völlig vergessen. Du musst ihnen also in bester Manier den Kopf verdrehen."

„Das leuchtet ein", sagte Christine. „Du meinst also, ich sollte so viele attraktive Argumente wie möglich anführen, damit meine Botschaft auch wirklich ankommt?"

„Ja“, bestätigte Alfredo und führte ein weiteres Beispiel an: „Was würdest du von einem Anwalt halten, der nur so viele Argumente sammelte, dass er seinen Fall ‚möglicherweise‘ gewinnen könnte? Sicher stimmst du mir zu, dass kein Klient zu diesem Anwalt gehen sollte. Denn ein richtig guter Anwalt bereitet sich ganz anders auf die Gerichtsverhandlung vor: Er sammelt so viele Beweise und Argumente wie irgend möglich. Er investiert so viel Energie und bietet so viele Zeugen auf, dass die Wahrscheinlichkeit, den Prozess zu verlieren, so klein wie möglich wird. Nur dann hat er alle seine Möglichkeiten ausgeschöpft. Schließlich geht es auch vor Gericht oft um die besseren Argumente und nicht nur darum, wer objektiv Recht hat.“

Christine pflichtete ihm bei: „Ja, im Gerichtssaal geht es sicher nicht anders zu als im ‚richtigen Leben‘.“ Dann kam sie nochmals auf das Beispiel aus Hollywood zurück: „Was muss ich denn nun tun, um mein ‚Angebot‘ zu verbessern, um es so unwiderstehlich zu machen wie das von Robert Redford?“

Alfredo antwortete mit einer Gegenfrage: „Was sind denn die besonderen Merkmale der neuen Linie?“

„Zunächst die hervorragende Qualität, dann der gute Service von Office und vor allen Dingen unsere Kompetenz als Büromöbelhersteller.“

„Na ja, Begeisterungsstürme wirst du damit nicht gerade auslösen“, kam es vom anderen Ende der Leitung.

Christine schluckte und war einen Augenblick lang beleidigt.

Alfredo präzisierte: „Jede Präsentation, jedes Werbeplakat, jedes Mailing, das ich aus Deutschland bekomme, gleicht dem gelben Branchentelefonbuch, das ich bei euch auf den Schreibtischen gesehen habe. Wenn du dieses Buch aufschlägst, findest du immer wieder die gleichen drei Werbeaussagen: ‚Qualität', ‚Service', ‚Kompetenz'. Gibt es denn sonst gar nichts über eure Leistungen zu sagen?

Stell dir vor, wir würden unser berühmtes italienisches Eis so anpreisen, wie du deine Produktlinie vorstellen möchtest, also auf die gute Qualität, den tollen Service und die hohe Kompetenz in Sachen Eisherstellung verweisen. Wärst du von einem solchen Eis begeistert?"

Christine lachte versöhnlich: „Also das Wasser läuft mir da nicht gerade im Mund zusammen."

„Eben, aber was hältst du von einem Panna-Cotta-Eis, das so wunderbar sahnig ist, dass es deine Zunge liebkost? Und was von einem cremigen Vanille-Eis, das so zart ist und so fein duftet, dass du es am liebsten auf deiner ganzen Haut spüren würdest? Oder einem fruchtigen Buttermilch-Eis, dessen Frische dich an einen Sprung ins kühle Nass an einem heißen Sommertag erinnert?" Alfredo übertrieb ganz gerne, um seine Thesen zu verdeutlichen.

„Oh, lecker, her damit. Nein im Ernst, das hört sich viel besser an, du alter Wortkünstler. Also muss ich nur die richtigen Adjektive finden, oder?"

„Na, ein bisschen mehr kannst du dir schon einfallen lassen, Christine."

Alfredo wusste, dass seine Freundin in Deutschland ihm offene Worte nicht übel nahm, und forderte sie auf: „Nimm dir doch mal ein Blatt Papier und schreibe auf, was sich die Menschen unter deiner Produktlinie in Verbindung mit den Schlagworten ‚Qualität', ‚Service' und ‚Kompetenz' konkret vorstellen sollen."

„Sind diese Argumente etwa nicht richtig und wichtig?" fragte Christine.

„Oh ja, natürlich sind sie wichtig. Aber was erfahren die Leute durch diese Worte über deine Produktlinie?"

„Nicht sehr viel", musste Christine zugeben. „Diese drei Schlagworte lassen zumindest kein Bild in den Köpfen der Zuhörer entstehen."

„Also musst du die Schlagworte in konkrete Beschreibungen deiner Produkte auffächern. Nimm ein Blatt Papier und schreibe auf, was genau die gute Qualität deiner Entwürfe ausmacht."

Christine fielen gleich eine Menge Begriffe ein:

- gute Verarbeitung
- schönes Design
- moderne Formen
- lange Haltbarkeit

„Dann nimm ein weiteres Blatt und schreib auf, was an eurem Service so gut ist", forderte Alfredo sie auf.
Wieder formulierte Christine ihre Ideen:

- kurze Lieferzeiten
- ständig erweiterbar
- flexibel
- anpassungsfähig

„Und nun schreib auf, warum diese Linie eure Kompetenz unterstreicht."

Wieder schrieb Christine:

- wir sind Trendsetter
- wir können Firmenfarben lackieren
- wir haben höhenverstellbare Tischplatten
- wir haben eine gute Lösung für die Kabel

„Bella – jetzt haben wir eine schöne Sammlung von Vorzügen, müssen aber noch einen Schritt weiter gehen. Nimm doch bitte mal die einzelnen Begriffe, die du gefunden hast, und überlege dir, welchen Nutzen der Kunde davon hat."

„Aber viele andere Designer bieten doch die von mir genannten Vorzüge auch", warf Christine ein. Sie war sich nicht sicher, ob es da einen Sinn machen würde, all diese Pluspunkte so detailliert zu analysieren.

„Wichtig ist nicht, ob deine Wettbewerber dem Kunden denselben Nutzen bieten wie du. Es zählt allein, wer diesen Nutzen am besten kommuniziert." Alfredo merkte, wie Christine nachdachte. „Ich schicke dir mal ein Fax, um dir die Sache mit der Kommunikation noch ein wenig deutlicher zu machen."

Christine hörte, wie Alfredo sein Faxgerät startete und wenige Sekunden später klingelte ihr eigenes und warf eine Grafik aus.

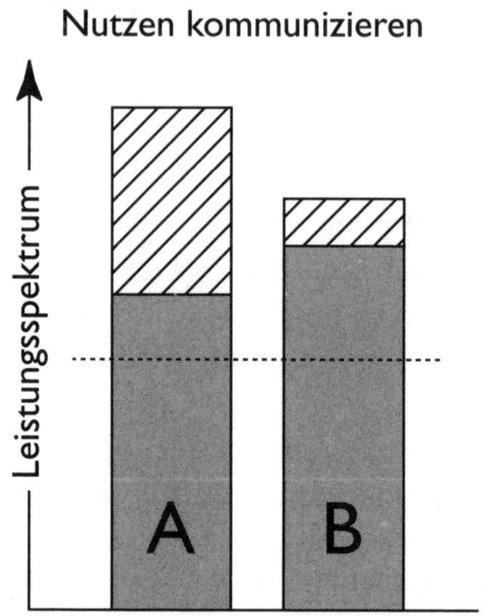

Alfredo, der zwischenzeitlich den Hörer wieder in die Hand genommen hatte, sprach weiter: „Angenommen, es gibt die Produktlinien A und B und wir unterstellen, dass beide den gleichen Preis haben. Wo würdest du einkaufen, wenn die Höhe der Säulen das jeweilige Leistungsspektrum darstellt?" „Selbstverständlich bei A, weil dort die Leistung höher ist", war sich Christine sicher.

„Das würden wohl alle Kunden tun", meinte auch Alfredo. „Aber nun betrachte einmal den quer durchgezogenen Strich. Er stellt das Leistungsspektrum dar, das du als Kunde erwartest. Wo würdest du jetzt einkaufen, wenn der Preis immer noch der gleiche wäre?"

„Wenn ich bei A mehr für mein Geld bekomme, so würde ich immer noch bei A einkaufen. Das ist doch logisch."

„Genau. Nun nehmen wir an, der schraffierte Bereich ist der Nutzen, der vom Verkäufer oder in deinem Fall vom Designer oder Entwickler kommuniziert wurde. Welche Produktlinie würdest du nun nehmen?“

„Jetzt natürlich B, weil bei B mehr Leistung oder Qualität kommuniziert wird, zumindest subjektiv. Und ich möchte ja für mein Geld so viel Leistung wie möglich.“

„Entscheidend ist also nicht die Frage, wer die bessere Produktlinie hat. Viel bedeutender ist, wer seine Produktlinie optimal präsentieren kann und so die Vorzüge seiner Produkte – auch wenn die gar nicht so einzigartig sind – am besten kommunizieren kann“, lautete Alfredos Fazit zu der besprochenen Grafik.

„Nun weiß ich, was du meinst“, sagte Christine. „Ich muss mir zunächst im Detail überlegen, welchen besonderen Nutzen meine Produktlinie bietet und anschließend eine Strategie entwickeln, wie ich diesen Nutzen kommunizieren, also gekonnt in Szene setzen kann.“

„Cara mia, besser hätte ich das auch nicht formulieren können“, freute sich Alfredo. „Und du wirst sehen, dieses Vorgehen funktioniert.“

Und dann fiel Alfredo noch ein Beispiel ein, mit dem er seine Theorie der „aufgepeppten Angebote“ wirkungsvoll untermauern konnte: „Ich denke gerade an euer gutes deutsches Bier. Ihr habt eine wunderbare Brauerei, die macht Werbung mit den Worten ‚Dieses Bier wird aus reinem Felsquellwasser gebraut‘.

Viele Kunden schließen von dieser Aussage auf eine besonders hohe Qualität des Bieres und trinken es daher gerne.

Tatsächlich aber brauen einige Brauereien ihr Bier aus reinem Felsquellwasser oder zumindest aus Quellwasser. Wo also liegt der Vorteil? Anders als ihre Mitbewerber kommuniziert diese Brauerei den Nutzen, den der Rohstoff ‚Felsquellwasser' für den Biertrinker bedeutet, klar und deutlich.

Natürlich ist Qualität wichtig. Es ist jedoch genauso wichtig, diese Qualität nicht als abstrakten Begriff anzupreisen, sondern die einzelnen Qualitätsmerkmale plakativ und nachvollziehbar zu vermitteln. Das gilt auch für dich und deine Produktlinie: Die Qualität ist sicher hervorragend, doch das allein reicht nicht aus. Du musst daraus leicht fassbare und absolut konkrete Vorteile für den potenziellen Käufer ableiten und diese dann selbstbewusst und überzeugend präsentieren."

Christine seufzte erleichtert und ein bisschen erschöpft auf. „Tausend Dank, Alfredo, ich bin völlig geschafft. Ich muss jetzt erst mal verdauen, was ich alles von dir gelernt habe. Ich hoffe, ich kann möglichst viel davon umsetzen. Wenn du das nächste Mal nach München kommst, hast du ein Essen bei mir gut. Ach was, ein siebengängiges Menü! Versprochen. Mach es gut, mein Lieber."

Als sie den Hörer auflegte, merkte sie erst, wie intensiv das Gespräch gewesen war. Sie rieb sich ihr heißes linkes Ohr und starrte gedankenverloren auf die vielen Notizen, die sie sich gemacht hatte.

Sie erinnerte sich plötzlich an eine Situation aus ihrer Vergangenheit, die sehr viel mit Alfredos Beispielen zu tun hatte. Christine hatte einmal in der Schule einen Mitschüler ihre Hausaufgaben abschreiben lassen. Doch anstatt ihr dafür dankbar zu sein, meldete sich dieser in der Schulstunde, las Wort für Wort vor, was er kurz zuvor von Christine abgeschrieben hatte, und bekam dafür auch noch eine „Zwei" ins

Notenbuch eingetragen. Christine hatte sich damals maßlos darüber geärgert, dass sie ihre Leistung nicht selbst offensiv präsentiert hatte.

„Bei der großen Zahl von Wettbewerbern macht es keinen Sinn, nur Qualität anzubieten, ohne diese nachdrücklich zu kommunizieren", wiederholte Christine laut einen Satz von Alfredo. Zuvor aber wollte sie die Erkenntnisse noch einmal schriftlich zusammenfassen. Das fiel Christine nicht schwer, denn ihr Freund aus Italien hatte seine Thesen durch die Beispiele sehr deutlich gemacht.

1. Mache deine Angebote oder Aussagen unwiderstehlich. Je mehr Argumente und Nutzendarstellungen du ins Feld führen kannst, desto besser wird dein Angebot.

2. Mache es wie ein Anwalt – sorge dafür, dass du viermal so viel „Munition" aufbieten kannst wie nötig, um einmal die Zustimmung zu bekommen. Also …

   Viermal so viele Argumente
   Viermal so viele Pluspunkte
   Viermal so viel Reserven
   Viermal so viel Überzeugungskraft

3. Fülle deine Schlagworte – wie zum Beispiel das Wort „Qualität" – mit Leben, indem du sie begründest.

4. Berücksichtige die „Felsquellwasserstrategie": Nicht die beste Lösung wird vorgezogen, sondern die am besten kommunizierte.

Diese vier Punkte las sich Christine mehrmals durch, um sie wirklich zu verinnerlichen. Und dann nahm sie die während des Telefonats beschriebenen drei Blätter zur Hand, auf denen die Worte *Qualität, Service* und *Kompetenz* standen. Konkretisiert hatte sie diese Schlagworte schon. Nun beendete sie diese Aufgabe, indem sie zu jedem Punkt den damit verbundenen Nutzen notierte.

Plötzlich war ihr der Gedanke an die bevorstehende Präsentation vor dem gnadenlosen Gremium fast sympathisch. Ja, sie freute sich auf die Herausforderung. Sie erinnerte sich an die Fehler, die sie zu Beginn ihrer Karriere gemacht hatte. Durch ein Zuviel an Ehrlichkeit hatte sie sich manche Chance verdorben. Sätze wie beispielsweise „Ich weiß nicht, ob ich das kann …“ oder „Ich habe schon ein bisschen Angst …“, was sie sehr aufrichtig gemeint hatte, waren bei ihren Vorgesetzten als ein Zeichen von Schwäche angekommen: Na, ob Christine das wohl tatsächlich schaffen würde, ob sie wirklich die richtige Person für die Aufgabe wäre?

Sie hatte gelernt, ihre Zweifel bei sich zu behalten und sie höchstens mit ganz guten Freunden zu besprechen. Die „sympathische, aber dämliche Ehrlichkeit von Frauen im Beruf,“ hatte eine Rednerin das mal genannt. Christine musste immer noch lachen, wenn sie daran dachte. Nee, in diese Ehrlichkeitsfalle würde sie nicht mehr tappen.

Getragen von dieser Zuversicht rief Christine ihren Chef an und sagte: „Herr Friedhelm, ich habe Ihre Mail gelesen und freue mich sehr auf die Präsentation.“

„Prima“, gab Friedhelm zurück. „ Es wird auch wirklich kein Problem für Sie sein. Es kommen nur ein paar Leute, die noch einige wenige ‚Details‘ wissen wollen über unsere neue

Produktlinie – also über Ihre Entwürfe, falls sich unser Gremium für Sie entscheidet."

Christine kannte ihren Chef gut. Immer, wenn er von „Details" sprach – oder Wendungen wie „nur ein paar Leute" benutzte – dann bedeutete das, dass sie eine Aufgabe von großer Tragweite erwartete. Mit Sicherheit wollte Friedhelm testen, wie Christine ihre Ideen „verkaufen" konnte. Und im Wettbewerb mit den hausinternen Konkurrenten würde das letzten Endes über Zuschlag oder Absage entscheiden. Die Präsentation war also sehr wichtig.

Doch das schreckte Christine nun nicht mehr. Mit Alfredos Hilfe würde sie ihre Entwürfe als „unwiderstehliches Angebot" präsentieren. Dann würde sie mit Sicherheit den Zuschlag bekommen – davon war Christine überzeugt.

Checkliste zum 2. Kapitel: Von unmoralischen Angeboten und italienischem Eis

1. Denken Sie daran: Das Angebot in Ihrer Präsentation muss unwiderstehlich sein. Sie brauchen eine „irresistible offer“.

2. Dabei müssen Sie auch Dinge, die für Sie selbstverständlich sind, für die Kunden noch einmal aufzählen.

3. Nur durch überzeugendes Auftreten können Sie sich profilieren.

4. Präsentieren Sie Ihre Ideen/Ihren Vorschlag so, dass der Funke Ihrer eigenen Begeisterung auf die Zuhörer überspringt.

5. Schreiben Sie genau auf, was die Qualität Ihrer Idee/Ihres Entwurfes ausmacht.

6. Schreiben Sie genau auf, worin Ihre spezielle Kompetenz liegt.

7. Überlegen Sie genau: Welchen besonderen Nutzen hat der Kunde von Ihrem Produkt/Ihrer Idee?

8. Denken Sie daran: Wichtig ist nicht, ob Ihre Wettbewerber dem Kunden denselben Nutzen bieten wie

Sie. Es zählt allein, wer diesen Nutzen am besten kommuniziert.

9. Entscheidend ist nicht, wer die bessere Produktlinie hat. Viel bedeutender ist, wer seine Produktlinie optimal präsentiert und so die Vorzüge seiner Produkte am besten kommuniziert.

10. Formulieren Sie leicht fassbare und absolut konkrete Vorteile für den potenziellen Käufer / Kunden und präsentieren Sie diese selbstbewusst und überzeugend.

11. Sammeln Sie viermal so viele Argumente, viermal so viele Pluspunkte, viermal so viel Reserven und viermal so viel Überzeugungskraft, wie Sie eigentlich brauchen!

3. Kapitel:

Besprechungen beschleunigen mit Beatrice

Jan verstand es, Spannung zu erzeugen. Natürlich wollte Julia jetzt wissen, wie Christines Erfolgsstory weiterging. Ob sich das von Office gebildete Gremium für sie entschieden hatte? Bevor Jan ihr diese Frage beantwortete, sollte Julia allerdings das erste Kapitel von Christines Erfolgsgeschichte verarbeiten. So musste sie sich zwei Wochen gedulden, bis Jan ihr vom zweiten Karriereschritt ihres Vorbilds berichtete – als Christine lernte, Besprechungen zu beschleunigen.

Werner Friedhelm war offenbar von Christines Arbeiten sehr angetan. Wie sonst war es zu erklären, dass er sich so für Christine einsetzte? Einige Tage vor der Präsentation rief Friedhelm jedenfalls Christine zu sich: „Um Sie zu unterstützen, habe ich für morgen früh neun Uhr eine Besprechung einberufen, damit wir uns noch einmal über Ihre Präsentation Gedanken machen können. Beatrice Dall und Walter Zirn werden mit dabei sein."

Ganz offensichtlich wollte Friedhelm, dass Christine gut vorbereitet in das Rennen um die Gunst des hausinternen Gremiums ging. Das war auch nötig, denn immerhin sollte sie sich mit ihrer neuen Produktlinie gegen Bert Röhrl durchsetzen, einen der Designer aus Düsseldorf. Röhrl war ein erfahrener Mann, dessen Entwürfe eine beeindruckende Kreativität auszeichnete. Für Christine war die Vorstellung, gegen so einen erfahrenen Kollegen zu präsentieren, eine große Herausforderung. So kam ihr die von Friedhelm anberaumte Besprechung nicht ungelegen. Sicher konnte sie dabei den einen oder anderen guten Tipp bekommen.

Um zwei Minuten vor neun Uhr kam Christine am nächsten Morgen in den Besprechungsraum, in dem schon alle versammelt waren.

„Hallo, da kommt ja unser Jungstar“, empfing Beatrice Dall Christine. Auch Friedhelm begrüßte sie herzlich und teilte vor versammelter Mannschaft offiziell mit, dass – sofern Christines Produktlinie die Anerkennung bekommen sollte – ein kleiner Artikel in der regionalen Zeitung und eine Information in einem Fachblatt erscheinen sollten. Er habe aus diesem Grund bereits mit einer Redakteurin der örtlichen Tageszeitung und einer Fachzeitungsredakteurin gesprochen. Friedhelm warf die Frage auf, wer das dafür notwendige Interview nach der Präsentation übernehmen könne und welcher Zeitpunkt dafür geeignet sei.

„Wäre es strategisch nicht sinnvoll, wenn einer der Direktoren oder das Marketing dieses Interview geben würden?“ fragte Christine. Die Reaktionen zeigten ihr jedoch, dass keiner der Anwesenden Zeit oder Lust für das Interview hatte. Nach einer langen Diskussion über Präsentationen und den Sinn und Unsinn von Presseinterviews waren sich alle einig darin, dass Christine auch dafür bestens geeignet wäre.

„Also gut!“, sagte Christine „Ich mache dieses Interview – und ich mache es ja auch gerne, gar keine Frage.“ Mittlerweile war es nach halb zehn und Christine stellte mit Erschrecken fest, wie viel Zeit bereits vergangen war, ohne dass die Gruppe sich bislang Gedanken über ihre Präsentation vor dem Auswahlgremium gemacht hatte. Und dabei hatten die Beteiligten doch nur so wenig Zeit für diese Besprechung! Um halb elf mussten die meisten von ihnen schon in einem anderen Meeting mit einem großen Kunden sein.

„Wieder mal eine dieser typischen Besprechungen," dachte Christine leicht genervt. „Du gehst rein, kommst nach einer Stunde heraus und fragst dich, wofür du die Stunde ver(sch)wendet hast. Hätte ich mir alleine Gedanken gemacht, wäre sicher mehr dabei heraus gekommen."

Beatrice Dall, zuständig für Prozessorganisation im Unternehmen, bemerkte den ungeduldigen Blick, den Christine auf ihre Uhr warf – und ihr Unbehagen. Sie sagte plötzlich laut und deutlich in die Runde: „Stop, hier läuft etwas schief!", denn sie wollte Christine helfen. „Wir haben gerade noch fünfundfünzig Minuten Zeit, um uns mit dem Hauptthema unseres Treffens, nämlich Christine bei der bevorstehenden Präsentation zu unterstützen, zu beschäftigen. Um die verbleibende Zeit auch effektiv zu nutzen, schlage ich vor, dass ihr jeder von uns einen wertvollen Tipp aus seinem Spezialgebiet mit auf den Weg gibt. Einverstanden?" Alle nickten zustimmend, Christine sah sie dankbar an.

Werner Friedhelm meldete sich als erster zu Wort. „Mein Tipp lautet: Verwenden Sie stets einen begründenden Sprachstil. Viele Menschen benützen zu allgemeine Aussagen, ohne diese zu begründen. Die fatale Konsequenz: Damit lassen sie ungewollte Schlussfolgerungen zu. Ein Beispiel: Wenn sie sagen ‚Wir sind Trendsetter im Bereich Büromöbel' ist dies zwar eine sehr schöne, doch wenig fundierte Behauptung. Nicht mehr. Also ist es besser, diese Aussage wie folgt zu begründen: ‚Wir sind Trendsetter im Bereich Büromöbel, weil wir von unserer Entwicklungsabteilung immer wieder völlig neuartige Materialien entwickeln und testen lassen und diese dann bei unseren Möbeln einsetzen. Dadurch haben wir immer einen großen Entwicklungsvorsprung vor den Mitbewerben."

Christine notierte sich: „Ich darf nicht einfach nur Thesen aufstellen, sondern muss diese auch mit Begründungen untermauern. Sonst wären es ja reine Behauptungen!"

„Nur derjenige, der begründet oder beweist, ist wirklich glaubhaft"; ergänzte Friedhelm seinen Tipp.

Die nächste Empfehlung kam von Walter Zirn, dem Vertriebsleiter: „Konzentrieren Sie sich auf eine zielgruppengerechte Botschaft. Das bezieht sich jetzt vor allem auch auf das Interview mit der Tageszeitungsredakteurin nach der Präsentation. Die ist schließlich keine Fachfrau für Design oder Büromöbel, was auch für die Leser der Zeitung gilt, in der sie ihren Artikel veröffentlichen wird. Die Botschaft für die Leser dieser Zeitung kann zum Beispiel lauten, dass es vor Ort ein innovatives Unternehmen gibt, das zum einen interessante Produkte anbietet und zum anderen für den einen oder anderen auch als Arbeitgeber interessant sein könnte. Würde der Artikel in einer Fachzeitschrift erscheinen, müssten dagegen ganz andere Informationen eingebaut werden."

Walter Zirn hatte für Christine noch einen weiteren Tipp parat: „Fakten, Fakten, Fakten" zitierte er dazu den Chefredakteur eines bekannten Nachrichtenmagazins. „Sie müssen sich bei dem Gespräch auf die Fakten konzentrieren. Es nützt dem Unternehmen und den Lesern wenig, wenn Sie Phantasien zu hören bekommen. Erzählen Sie die Tatsachen, von denen es nach Ihrer Präsentation ja sicherlich genügend gibt. Und ein letzter Tipp aus eigener leidvoller Erfahrung: Sagen Sie nichts, von dem Sie nicht möchten, dass es gedruckt werden soll! Journalisten stürzen sich auf Details, die nicht für die Öffentlichkeit bestimmt sind, wenn es etwa Schwierigkeiten bei der Herstellung gegeben hat oder Kunden etwas moniert haben.“

Schließlich gab Beatrice Dall Christine noch folgenden Hinweis mit auf den Weg: „Konzentriere dich auf eine Hauptaussage, auf eine Botschaft, auf das, was du unbedingt sagen willst. Wie wir bei unserer Besprechung gesehen haben, verlieren wir uns schnell in nebensächlichen Details und merken erst am Ende der uns zur Verfügung stehenden Zeit, dass die wirklich wichtigen und wesentlichen Dinge nicht oder nur unzureichend besprochen wurden. Nimm dir deshalb nicht zu viele Themen vor, die du in der Präsentation unterbringen willst. Überleg dir vielmehr deine Kernbotschaft. Das gilt übrigens nicht nur für die Präsentationen, sondern auch für Interviews sowie für alle Arten von Gesprächen.“

Und weil diese Zeit-Vergeudung in Diskussionen so oft vorkommt, formulierte Beatrice Dall abschließend noch einmal vier wesentliche Punkte für zukünftige Diskussionen und Besprechungsrunden:

1. Es wird zu Beginn ein Zeitmanager festgelegt, der darauf achtet, dass wir im Zeitrahmen bleiben und so alle wesentlichen Punkte besprechen können.

2. Es wird ein Protokoll geführt und auch gleich danach unterschrieben, damit es später keine Rückfragen gibt. Das vermeidet auch nachgeschobene Aussagen wie zum Beispiel: „So habe ich das aber nicht gesehen“ oder „das haben wir aber ganz anders besprochen“.

Christine erinnerte sich bei diesen Worten an eine Mail, die sie erst vor einigen Stunden gespeichert hatte. Sie enthielt das Protokoll einer Besprechung, die bereits vor zehn Tagen stattgefunden hatte. In der Zwischenzeit waren sicher viele Protokollinhalte bereits nicht mehr aktuell, der Sinn des Protokolls als To-do-Liste war also verpufft.

Beatrice Dall fuhr fort:

3. Ein Moderator ist dafür verantwortlich, dass jeder mit seinen Ideen zu Wort kommt und niemand zu viel Zeit für sich alleine beansprucht.

Diese drei Punkte waren noch nicht so ungewöhnlich und ließen sich in vielen Lehrbüchern nachlesen, aber „mein letzter Tipp wird uns von vielen anderen Besprechungsrunden unterscheiden“, führte Beatrice Dall ihren vierten Punkt ein:

4. „Lasst uns doch künftig immer einen so genannten Zielmanager bestimmen, der uns, wie beim Fußball, die rote Karte zeigt, wenn er der Meinung ist, dass

wir vom festgelegten Thema abweichen oder nicht zielorientiert sprechen. Das setzt natürlich voraus, dass wir uns vor der Diskussion immer ein ganz klares Ziel setzen, zum Beispiel mit TOP's – Tagesordnungs-Punkten. Heute war unser Ziel, dass wir Christine fit machen wollten für ihre Präsentation. Was aber haben wir getan? Wir haben die Hälfte der Zeit darauf verwendet, zu diskutieren, wer das bevorstehende Interview mit den Leuten von der Fachzeitschrift führen wird. Hätten wir heute bereits einen Zielmanager gehabt, dann hätte uns der sicher recht schnell auf die für die heutige Sitzung entscheidenden Punkte zurückgeführt."

Christine, die nach dem Treffen noch einige persönliche Worte mit Beatrice Dall gewechselt hatte, die am Anfang ihrer Karriere ihre Mentorin gewesen war, stellte nach der Rückkehr ins Büro fest, dass ihr Werner Friedhelm noch ein Mail geschickt hatte:

Betreff:	Tipps
Text:	Anbei noch ein Attachment mit einigen Tipps.

Die Textanlage hatte folgenden Inhalt:

Tipp 1: Fakt plus Fakt gleich Plausibilität – oder: Ansprechen von zwei bis drei unbestreitbar wahren Fakten und Ableiten einer plausiblen Schlussfolgerung

Statt einfach eine These ohne Zusammenhang zu formulieren, stellen Sie vorher einige Tatsachen fest, um die daraus abgeleitete These als plausibel und damit als „wahr“ zu präsentieren. Sagen Sie nicht: „Wie machen wir jetzt weiter?“ oder „Sind Sie zum nächsten Schritt bereit?“, sondern: „Sie haben sich für die Farbe Ihrer Wahl entschieden (Fakt 1), Sie haben die richtige Ausstattung gewählt (Fakt 2), Sie haben sich mit Ihrer Frau/Ihrem Mann besprochen (Fakt 3), Sie haben dabei ein gutes Gefühl (Fakt 4). Das zeigt mir, dass Sie motiviert und bereit zum nächsten Schritt sind (plausible Schlussfolgerung).“

Ein weiteres Beispiel: „Wenn wir also um neun Uhr beginnen (Fakt 1), nur zwei kleine Pausen machen (Fakt 2) und die ganze Zeit Informationen weitergeben (Fakt 3), dann ist das eine gute Grundlage für die Umsetzung der Informationen (plausible Schlussfolgerung).“

Diese Argumentationskette ist ein guter Weg, um eine Entscheidung herbeizuführen.

Tipp 2: Hauptaussagen als stillschweigende Voraussetzung

Das menschliche Gehirn funktioniert bei einem Gespräch immer nach dem gleichen Prinzip: Behauptungen von anderen Menschen werden grundsätzlich auf ihren Wahrheitsgehalt hin überprüft. Wir formulieren also immer unbewusst die Frage: „Stimmt das – oder stimmt das nicht?“ Bei jeder, wirklich jeder Formulierung, die wir hören, stellen wir uns diese Frage. Menschen sind einfach sehr, sehr skeptisch.

Wenn Sie zum Beispiel sagen: „Mit unserer Produktlinie können Sie viel Geld sparen", dann stellt sich Ihr Gegenüber mit Sicherheit die Frage: „Stimmt das oder stimmt das nicht, dass ich Geld sparen kann?"

Wenn Sie dagegen fragen: „Wussten Sie schon, dass unsere Kunden mit dieser Produktlinie eine ganze Menge an Geld sparen", dann denkt sich ihr Gegenüber: „Wusste ich das schon – oder wusste ich das noch nicht?" Mit der zweiten Aussage haben Sie also eine ganz andere, für Sie viel günstigere Gegenfrage provoziert!

„Wirklich interessant, wie wir mit unserer Sprache die Menschen lenken können", dachte sich Christine. Sofort setzte sie sich hin und schrieb in ihren Ordner „Präsentation" einige gute Formulierungen für die kommende Woche auf.

Checkliste zum 3. Kapitel: Von Tipps und TOP's

1. Nutzen Sie die Zeit in Besprechungen. Greifen Sie ein, wenn Sie merken, dass etwas schief läuft. Schlagen Sie dann vor, wie sie wieder zum Thema der Besprechung zurückkommen können.

2. Achten Sie auf eine klare Sprache: Verwenden Sie stets einen begründenden Sprachstil. Nur wer begründet, ist wirklich glaubhaft.

3. Konzentrieren Sie sich auf eine zielgruppengerechte Botschaft.

4. Fakten, Fakten, Fakten! Konzentrieren Sie sich in einem Gespräch auf die Fakten.

5. Sagen Sie nichts, von dem Sie nicht wollen, dass es veröffentlicht wird.

6. Konzentrieren Sie sich auf eine Hauptaussage, auf eine Botschaft, auf das, was Sie unbedingt sagen wollen.

7. Merken Sie sich diese vier Punkte für Besprechungsrunden:

   1. Zu Beginn wird ein Zeitmanager festgelegt, der darauf achtet, dass alle im Zeitrahmen bleiben und

alle wesentlichen Punkte besprochen werden können.

2. Es wird ein Protokoll geführt und gleich danach unterschrieben, damit es später keine Rückfragen oder Rückzieher gibt.
3. Ein Moderator ist dafür verantwortlich, dass jeder mit seinen Ideen zu Wort kommt und niemand zu viel Zeit für sich alleine beansprucht.
4. Ein Zielmanager zeigt die rote Karte, wenn von den festgelegten Themen abgewichen wird.

Das setzt natürlich voraus, dass vor der Diskussion ein ganz klares Ziel gesetzt wird – in Form von Tagesordnungspunkten.

4. Kapitel:

Couragiert Contra geben bei Constanze

Julia war beeindruckt von dem, was Christine in kurzer Zeit erfahren hatte – und auch von der Wirksamkeit der Sprache des Erfolgs. Wie war es aber nun weitergegangen mit Christine? Dieses Geheimnis lüftete Jan in der nächsten Besprechung: Es ging dabei noch nicht um die große Präsentation, sondern um ein privates Erlebnis, das für Christine ebenfalls zu einer wichtigen Stufe ihrer Karriereleiter geworden war. Thema: Courage.

Nach einem anstrengenden Arbeitstag genoss es Christine, in ihrer hübschen kleinen Wohnung einfach nur die Füße hochzulegen. Sie braute sich einen grünen Tee und machte es sich auf dem kuscheligen Sofa gemütlich. Heute Abend würde sie endlich diesen spannenden Krimi fertig lesen können. Mit einem Male erinnerte sie sich daran, dass sie unbedingt noch ihre Freundin Constanze anrufen musste. Die hatte in der Früh ganz verzweifelt im Büro angerufen: „Christine, was soll ich bloß tun? Ich habe die ganze Nacht nicht schlafen können, Markus ist nicht nach Hause gekommen. Wir hatten gestern einen furchtbaren Streit. Ich glaube, es ist Zeit, dass wir uns trennen. So will ich nicht mehr weitermachen!“

Constanze und Markus waren jetzt drei Jahre zusammen, aber seit einigen Monaten häuften sich bei beiden Zeichen von Unzufriedenheit. Immer öfter kam es zu Missstimmungen und Streitereien. An solchen Tagen war Christine dann immer eine willkommene Ratgeberin für Constanze – was Christine gar nicht so lieb war.

Einerseits wollte sie Constanze ja helfen, aber andererseits merkte Christine auch immer mehr, dass sie nicht in die Rolle der Dauer-Ratgeberin schlüpfen wollte – und dies, schon allein aus zeitlichen Gründen, auch gar nicht konnte. Heute früh hatte sie ihre Freundin deshalb kurz angebunden auf den Abend vertröstet. Darüber hinaus machte sie sich Sorgen, weil sie mit ihrem Rat ja auch eine Menge Verantwortung übernahm und nicht wusste, ob sie dieser Verantwortung überhaupt gerecht werden konnte.

Christine legte jetzt endgültig den Krimi aus der Hand, sie konnte sich einfach nicht darauf konzentrieren. Sie goss sich noch einen Becher Tee ein, legte eine CD von „Freundeskreis“, ihrer Lieblingsband, auf und träumte vor sich hin.

Christine erinnerte sich noch gut daran, wie sie einmal in ihrer Schulzeit ihrer besten Freundin den gut gemeinten Tipp gegeben hatte, sich von ihrem damaligen Freund zu trennen. Diese hatte dem Jungen daraufhin tatsächlich den Laufpass gegeben: Doch einige Tage später bereute die Freundin ihren Entschluss schon wieder – und gab Christine die alleinige Schuld an der Entwicklung. Ohne Christines Rat hätte sie die Trennung gar nicht oder zumindest anders vollzogen – behauptete die Freundin. Und Christine war plötzlich die Böse gewesen.

Genau dieser Gefahr sah sich Christine auch wieder bei den Gesprächen mit Constanze ausgesetzt. Deshalb wollte sie die Rolle der Ratgeberin in dieser Form nicht weiter übernehmen. Bei einer der letzten Diskussionen hatte Christine an den klugen Satz denken müssen: „Ratschläge sind immer auch Schläge.“ Wie oft hatte sie in den letzten Jahren erlebt, dass Menschen für Ratschläge nicht wirklich offen waren und meistens kurze Zeit später mit dem gleichen Problem oder einem ähnlich strukturierten Problem wieder zu ihr kamen.

„Oft wird Menschen mit Ratschlägen ein Stück Verantwortung abgenommen. Und das kann auf Dauer nicht gut sein“, erinnerte sie sich an eine Stelle, die sie neulich in einem Ratgeber gelesen hatte.

„Wie also kann ich“ – das war die entscheidende Frage, die sich Christine in diesem Moment stellte – „meiner Verantwortung als Freundin gerecht werden, ohne später für Fehlentscheidungen an den Pranger gestellt zu werden? Am Ende muss Constanze doch ihre Entscheidungen ganz allein treffen. Letztlich ist der Ratschlag, den ein anderer einem gibt, nie so wertvoll wie die Entscheidung, die mit dem eigenen Herzen getroffen wird. Ein Ratschlag kann immer nur eine Hilfe sein, mehrere Standpunkte und Möglichkeiten zu sehen, um dann für sich selbst die richtige Entscheidung zu treffen.“

Sie erinnerte sich dabei erneut an ein Ereignis aus der Vergangenheit: an einen Einkaufsbummel mit Constanze vor ein paar Jahren. Damals wollte ihre Freundin ein Kleid für einen Frühjahrsball kaufen und hatte zwei Modelle in die engere Auswahl gefasst. Ein lindgrünes, das ihre gute Figur betonte, und ein noch etwas farbenfroheres, das durch eine gewisse Keckheit der Linienführung bestach. Beide Kleider standen Constanze mit Sicherheit gut und kleideten sie perfekt für den Anlass, für den sie gedacht waren. Welches sollte sie nun aber empfehlen? Damals merkte Christine schon sehr deutlich, wie schwierig es war, jemandem beizustehen – auch wenn es „nur" um die Entscheidung zwischen zwei Kleidern ging.

Natürlich fragte Constanze sie damals – nach einer langen Suche und ausgiebigem Anprobieren –, welches Kleid sie denn nun kaufen sollte. Christine sagte: „Ach, ich finde das lindgrüne ganz nett. Nimm doch das."

Ein Fehler. Constanze antwortete nicht etwa dankbar: „Gut, dann nehme ich eben das lindgrüne; die Farbe steht mir wirklich gut", sondern bohrte nach: „Das lindgrüne? Meinst du wirklich? Also ich bin mir nicht ganz so sicher, ob das so gut passt. Ich tendiere momentan eher zu dem farbenfroheren Kleid."

„Gut", dachte sich damals Christine, „dann gefällt ihr wohl eben das farbenfrohere besser", und sagte: „Du hast Recht. Nimm doch das farbenfrohe Kleid. In dem siehst du sehr feminin aus."

Aber auch darauf erhielt sie keineswegs die erwartete zustimmende Antwort. Vielmehr fragte Constanze nun: „Bist du dir wirklich sicher? Wenn ich es mir so recht überlege, glaube ich doch, dass dieses farbenfrohe etwas zu bunt ist und ich wohl doch beim lindgrünen Kleid bleiben sollte. Was meinst du?"

Christine wurde damals recht schnell bewusst, dass ihre Lage aussichtslos war. Für welches Kleid sie auch immer stimmen würde, Constanze hätte sofort das andere bevorzugt. Sie, als Freundin und Ratgeberin, hatte deshalb gar keine Chance, einen wirklichen Ratschlag zu geben.

Ganz im Gegenteil: Möglicherweise verunsicherten ihre gut gemeinten Bemerkungen ihre Freundin sogar. Oder Constanze empfand die Ratschläge als unangenehme Manipulation! Manipulation …

Christine setzte sich abrupt auf. Wie war noch mal die Ursprungsbedeutung von Manipulation? Sie hatte es in der Schule gelernt, aber inzwischen vergessen. Sie holte sich ein Lexikon aus dem Regal und schlug nach. „… stammt aus dem Lateinischen; ‚mani' wie ‚manuell', und ‚pulation' wie ‚pularis' – ‚in die richtige Richtung lenken'".

Ursprünglich war also mit dem Wort „Manipulation" keineswegs etwas Negatives verbunden, es wurde damit vielmehr, durchaus wertneutral, das Lenken in die richtige Richtung beschrieben. „Schon seltsam, wie sich die Bedeutung vieler Worte im Laufe der Zeit wandelt", dachte Christine.

„Im Grunde genommen", fuhr sie in ihren Überlegungen fort, „beeinflussen wir Menschen uns ja schließlich bei jedem Treffen, jedem Gespräch, ja sogar mit der kleinsten Bewegung. Und das ist nichts Schlechtes, weil es ja schließlich immer um einen Prozess gegenseitigen Gebens und Nehmens geht."

Christine war jetzt wieder hellwach. Bevor sie Constanze anrief, wollte sie sich einen Leitfaden zurecht legen, der ihr in

Zukunft helfen sollte, in solchen und ähnlichen Situationen nicht länger als Ratgebender, sondern vielmehr als wirklicher Unterstützer bei der Lösungsfindung zu fungieren.

Sie nahm einen Schreibblock, schrieb groß die Überschrift auf: **„Contra-Ratgeber-Strategie“** und notierte sich dazu vier Kernsätze:

1. Worum geht es?
2. Was sind momentan mögliche Lösungen?
3. Gibt es weitere denkbare Lösungen?
4. Welche Lösung gefällt dir am besten?

Christine spielte diese vier Schritte in Gedanken noch einmal durch:

- „Die erste Frage, ‚*Worum geht es?*‘ dient lediglich dazu, das Problem zu analysieren.
- Die zweite Frage ‚*Was sind momentan mögliche Lösungen?*‘ wird bewusst als offene Frage gestellt. Sie gibt dem Gesprächspartner die Chance, darüber nachzudenken, welche Lösungsmöglichkeiten er selbst schon gefunden hat. Die Frage spornt also dazu an, sich selbst Gedanken über sinnvolle Lösungen zu machen.
- Die dritte Frage ‚*Gibt es weitere denkbare Lösungen?*‘ dient dazu, nach möglicherweise unbekannten Alternativen zu fragen, die bislang noch nicht in die Überlegungen eingeflossen sind. Darüber hinaus kann mit dieser Frage geprüft werden, ob wirklich schon alle denkbaren Lösungen formuliert worden sind.

- Die vierte Frage *‚Welche Lösung gefällt dir am besten'* soll aufzeigen, wohin der Entscheider selbst tendiert und welche Entscheidung für ihn die richtige sein könnte."

Gerade diese Frage war im Fall Constanze von entscheidender Bedeutung, fand Christine. Schließlich konnte es katastrophale Folgen haben, wenn sich ihre Freundin für die falsche Lösung entschied – ging es doch immerhin um den Fortbestand einer Partnerschaft, also um ein Problem von großer Tragweite.

Um die Frage bestimmten Situationen anzupassen, überlegte Christine sich die folgenden Variationen:

- „Welche Lösung gefällt dir realistisch gesehen am besten?"
- „Welche Lösung gefällt dir zum heutigen Zeitpunkt am besten?"
- „Welche Lösung gefällt dir in Anbetracht von .... am besten?"
- „Welche Lösung hältst du momentan für am sinnvollsten?"

Christine war richtig stolz auf sich – hatte sie doch ein stimmiges Konzept entwickelt, mit dessen Hilfe sie nicht nur für andere, sondern auch für sich selbst Lösungen für alle möglichen Problemen würde finden können.

Dann überlegte sie sich, wie sie ihr neues Konzept wohl bei dem Telefongespräch mit Constanze würde anwenden können. Zuerst müsste sie wohl fragen: „Na, hast du dich schon zu etwas entschlossen?" Vermutlich würde Constanze dann sagen: „Ach, ich weiß einfach nicht, ob ich mich von Markus trennen soll – oder nicht. Mal denke ich ja, dann wieder nein. Vieles spricht dagegen, weil wir immer noch etwas füreinander empfinden. Genauso viel spricht aber auch dafür, weil wir uns doch in vielen Bereichen auseinandergelebt haben."

Sie würde dann wohl am besten die Frage stellen: „Was sind denn nun mögliche Lösungen?" Und Constanze würde bestimmt sagen: „Das ist ja das Problem, mir schwirrt der Kopf: Ich kann mit ihm zusammenbleiben und abwarten. Oder mich sofort von ihm trennen. Oder, die dritte Möglichkeit, ich rede noch mal ernsthaft mit ihm, so geht's jedenfalls nicht weiter!"

Christine ließ für sich gedanklich folgende Frage folgen: „Gibt es deiner Meinung nach weitere Lösungen?" Dann käme eventuell noch eine weitere Möglichkeit ins Spiel, beispielsweise: „Ja, ich könnte von meiner Seite aus nochmals alles versuchen, um zu prüfen, inwieweit unser Zusammensein noch Sinn macht – oder nicht. Wir sind ja sicher beide nicht ganz unschuldig an der ganzen Situation. Wenn ich mich ändere, habe ich eine größere Chance, alles wieder ins Lot zu bringen. Ich bin nun mal ein Mensch, der erst alles probiert. Wenn ich alles gegeben habe und damit keinen Erfolg habe, kann ich zumindest sagen: ‚Gut, es sollte nicht sein'. Aber ich habe zumindest alles versucht."

Christine rief sich die nächste Frage ihres Konzeptes in Erinnerung – und übertrug sie auf ihr Gedankenspiel: „Welche von den Lösungen gefällt dir denn am besten?" Constanze würde darauf vielleicht antworten: „Am besten gefallen mir die Lösungen drei und vier: mit ihm zu reden und noch einmal alles zu versuchen und dann die richtige Entscheidung fällen.“

Christine wusste, was sie darauf antworten würde: „Dann, liebe Constanze, tu genau das!“ Jeder andere Ratschlag, jede andere von ihr getroffene Entscheidung wäre falsch gewesen und hätte nicht zu dem geführt, was Constanze wirklich wollte. Sofort ergänzte sie ihr schriftlich festgehaltenes Konzept um den fünften Kernsatz, die Aufforderung: „Dann tu es!!! Das ist genau der richtige Weg.“

Für Christine war diese Vorbereitung auf das Gespräch mit Constanze ein wichtiger Meilenstein in ihrem privaten und beruflichen Leben. Denn ihr wurde dadurch bewusst, dass sie zuvor nie hatte „nein“ sagen können. Wer auch immer mit seinen Problemen zu ihr gekommen war – sie hatte stets ein offenes Ohr gehabt. Sie hatte immer „ja“ gesagt – war immer zur Stelle gewesen, wenn jemand ihren Rat gesucht hatte. Sie war so oft diejenige gewesen, die anderen weiterhalf, und dann für sich selbst viel zu wenig Zeit hatte – worunter ihre eigene Entwicklung litt.

„Das muss sich ändern“, beschloss Christine in diesem Moment. „Ich kann mich nicht nur nach anderen richten, sonst bleibe ich selbst auf der Strecke.“ Ihr wurde klar, dass sie mit einem „Nein“ gar nicht ablehnend wirken musste. Sie bewahrte sich damit lediglich Ressourcen für wesentliche Aufgaben und konnte ja dadurch letztlich auch anderen besser helfen. Schließlich wusste sie, wie wichtig es war, dass sie ihre Kräfte bewahrte und für ihre eigene Ausgeglichenheit Sorge trug.

Amüsiert erinnerte sie sich an eine Übung, von der sie einmal in einem Vortrag gehört hatte: Menschen, die nicht „Nein“ sagen konnten, sollten an der Wursttheke üben. Also freundlich 100 Gramm Leberwurst (oder ersatzweise Käse) verlangen und auf die zu erwartende Frage: „Darf es ein bisschen mehr sein?“ schlichtweg „Nein“ antworten. Die Verkäuferin wäre sicher sprachlos, denn fast alle Kunden sagen „Ja.“ Allein in einer solchen Situation standhaft zu bleiben, würde den eigenen Willen stärken und helfen, Grenzen zu setzen. Christine musste lachen, als sie sich die Szene vorstellte.

Dennoch wollte sie einem Hilfesuchenden nicht einfach ein kaltes „NEIN“ entgegenschleudern. Deshalb formulierte sie für sich neben der „Contra-Ratgeber-Strategie“ auch eine „Nicht-alles-annehmen-Strategie.“

Bei beiden Strategien ging es vor allem darum, nicht jedes Problem eines anderen lösen zu wollen. Mit der Formulierung der zweiten Strategie wollte Christine für sich außerdem deutlich zum Ausdruck bringen, dass es einfach nicht sinnvoll sein konnte, auf jede von anderen gestellte Frage eine Antwort finden zu müssen!

„Meistens ist es doch so“, analysierte Christine für sich, „dass wir bereits durch das Eingehen auf ein an uns herangetragenes Problem signalisieren, dass es unser Problem ist.“ Und sie entschloss sich, jedes Problem auf seine Gültigkeit und Bedeutung für sich selbst zu prüfen. So würde sie in der Lage sein, auch einmal ein Problem zurückzugeben!

„Grau ist alle Theorie“, dachte Christine und erinnerte sich in diesem Zusammenhang an ein ebenso interessantes wie lustiges Gespräch, das sie auf der letzten Party eines Freundes geführt hatte. Ein junger Verkäufer für Wasserbetten hatte erzählt, dass viele Kunden zu ihm kämen, ihre Wünsche erzählten und dann auch gleich eine Preisvorstellung nennen würden – zum Beispiel: „Aber als Limit für das Wasserbett haben wir uns 3000 Euro gesetzt."

Andere Verkäufer würden dann in solchen Fällen immer ein maßgeschneidertes Angebot zum Preis von 3000 Euro erstellen und das Problem des Kunden damit zum eigenen machen. Es gebe aber auch die Möglichkeit, dieses Problem des Kunden nicht anzunehmen, sondern den Preisfaktor erneut ins Spiel zu bringen – „und zwar auf eine absolut ungewöhnliche Art und Weise", wie der Wasserbettenverkäufer geheimnisvoll andeutete.

Christine hatte ihm noch während der Party seine Geheimstrategie entlockt, die er ihr dann ausführlich erklärte. Zuerst einmal lasse er die Kunden Probe liegen – das wäre bei einem Kauf von Wasserbetten wichtig, da die Kunden dabei ein ganz neuartiges Liegegefühl erleben würden.

Dann stelle er die entscheidende Frage und werfe damit den „Preisball" mit folgenden Worten an den Kunden zurück: „3000 Euro! Das lässt sich machen. Nur ... wenn wir nun ein Wasserbett finden, das Ihren Vorstellungen entspricht und mit dem Sie nie wieder Probleme mit Ihrem Rücken hätten – das jedoch 3300 Euro kosten würde ... sollen wir Ihnen das dann überhaupt anbieten?"

Natürlich wolle jeder Kunde, so erklärte der Verkäufer weiter, dieses Bett zumindest einmal angeboten bekommen, auch wenn der Preis über den ursprünglichen Vorstellungen liege. „In den meisten Fällen funktioniert diese Strategie und der Kunde gibt auch gern 3300 Euro aus“, hatte der Verkäufer seine Erfahrungen zusammengefasst.

Diese Erinnerung rief in Christine auch gleich noch eine nette Anekdote ins Bewusstsein, die sie einmal in der Zeitung gelesen hatte. Ein witziges Beispiel dafür, wie manche Menschen eigene Probleme auf andere Menschen abwälzen …

Ein Mann geht unruhig auf und ab und sagt zu seiner Frau: „Ich bin so nervös, weil ich meinem Geschäftsführer die versprochenen neuen Mitarbeiter morgen nicht präsentieren kann. Ich habe einfach niemanden gefunden, der zu uns passt.“

Daraufhin ruft die Frau beim Geschäftsführer ihres Mann an und teilt diesem mit: „Mein Mann kann Ihnen morgen die zugesagten Mitarbeiter nicht präsentieren.“

Verständlicherweise will der Ehemann nun wissen, warum sie das getan hat. Da sagt die Ehefrau: „Jetzt ist es deren Problem und du kannst dich beruhigen.“

Christine überlegte sich: „Wie kann ich mir das Berufs- und Privatleben erleichtern? Indem ich meinen Mitmenschen gegenüber besonders aufmerksam bin und ihnen bei der Lösung jedes noch so kleinen Problems behilflich bin? Oder, indem ich nicht jedes Problem annehme, sondern die Probleme wieder zurückgebe? Und anderen damit auch gleichzeitig die Möglichkeit gebe, sich selbst zu helfen. Ihnen also Hilfe zur Selbsthilfe gebe.“

Sie entschied sich für die zweite Möglichkeit und versuchte dann, sich ihre letzte Arbeitswoche in Erinnerung zu rufen.

Wie viele der von ihr bearbeiteten Probleme waren wirklich „ihre“ Probleme? Wie oft hatte sie sich um Dinge gekümmert, für deren Lösung jemand anderes verantwortlich gewesen wäre? Christine wusste, dass sie sich in dieser Beziehung ändern musste. Coaching, also die Kunst, die richtigen Fragen zu stellen, statt eine fertige Lösung zu bieten, war angesagt.

Auch bei direkten verbalen Angriffen wollte sie sich künftig angewöhnen, die „Bälle zurückzugeben“ – zum Beispiel mit einer Gegenfrage. Wenn ein Kunde zu ihr sagen würde: „Das sieht aber nicht schön aus – oder?“, könnte sie ja einfach die Gegenfrage stellen: „Wie müsste es denn aussehen, damit es in Ihren Augen schön ist?“

Christine fiel bei dieser Gelegenheit auch wieder ein Satz eines ehemaligen Vorgesetzten ein, der sie wütend gemacht hatte: „Ihre Produkte werden sich so sicher überhaupt nicht verkaufen.“ Damals war sie bei dieser Äußerung ihres Vorgesetzten aufgebraust und hatte gesagt: „Was heißt denn: Das lässt sich nicht verkaufen? Natürlich lässt sich das verkaufen. Was glauben Sie denn, warum ich so lange daran herumgetüftelt habe.“ Sie war in die Falle getappt.

Für die Zukunft nahm sie sich nun vor, solche Äußerungen nicht mehr persönlich zu nehmen und auch in einem solchen Fall immer den „Ball zurückzugeben“. Etwa mit der Frage: „Wie müsste denn die Produktlinie aussehen, damit sie sich verkaufen lässt?“

Vielleicht würde die Antwort ganz undramatisch lauten: „Es müsste sie auch in einer anderen Farbe geben.“ Und damit wäre alles erledigt. Denn natürlich würde sie ihr Produkt in mehreren Farben liefern können.

„Durch eine Gegenfrage kann ich also wertvolle Informationen sammeln, die mir letztlich mehr Argumente liefern. Das ist viel besser, als mich durch einen Einwand persönlich angegriffen zu fühlen und gleich in eine Verteidigungsstellung zu gehen“, resümierte sie.

Wie sinnvoll es ist, den „Ball zurückzugeben“, hatte sie bei einigen Kunden festgestellt, die Probleme an sie herangetragen hatten, die – genau betrachtet – gar keine Probleme hätten sein müssen. So war zum Beispiel ein Großkunde zu ihr gekommen und hatte gesagt: „Ich brauche 40 komplett ausgestattete Arbeitsplätze. Der einzelne Arbeitsplatz darf aber nicht mehr als 4000 Euro kosten.“ Damals hatte sie dieses Problem des Kunden als ihr eigenes angenommen und eine Büromöbelserie gesucht, die genau den Preisvorstellungen des Kunden entsprach. Nun aber, mit der Geschichte des Wasserbett-Verkäufers im Hinterkopf, würde sie viel souveräner an die Situation herangehen.

Sie würde das Problem des Kunden keinesfalls mehr zu ihrem eigenen machen, sondern vielmehr einfach eine geschickte Gegenfrage stellen: „Lieber Kunde, angenommen, ich finde jetzt eine Büroausstattung, die genau Ihren Wünschen entspricht, allerdings 5000 Euro kostet – soll ich Ihnen die denn überhaupt präsentieren?“

Sie war sich mittlerweile sicher, dass sie darauf folgende Antwort bekommen würde: „Stellen Sie die ruhig vor. Dann können wir uns ja immer noch entscheiden.“ Und schon würde das Problem nicht mehr ihr Problem sein, sondern ganz alleine das des Kunden. Sie hätte den Ball zurückgegeben wie einen zu heißen Gegenstand …

Christine gefiel diese Vorstellung mit einem Mal so sehr, dass sie spontan beschloss, diese Vorgehensweise künftig als „Prinzip der heißen Kartoffel“ zu bezeichnen.

Auf den Punkt gebracht, bedeutete dieses Prinzip für sie, dass sie künftig nicht mehr jede heiße Kartoffel annehmen würde, die ihr jemand in die Hand drücken wollte.

Und ihr fiel auch gleich ein Beispiel ein, wie sie dieses Prinzip – ohne sich dessen bewusst zu sein – schon einmal sehr erfolgreich eingesetzt hatte … und zwar, als Kai mit ihr vor einiger Zeit in Urlaub fahren wollte.

Kai ist ihre große Liebe, sie sind seit knapp zwei Jahren zusammen und sehr glücklich. Er hatte damals gesagt: „Schatz, lass uns doch auf alle Fälle in den sonnigen Süden fahren, wo es richtig warm ist.“ Sie hatte sich durch diese Aufforderung eingeengt gefühlt, weil sie gar nicht so gerne Urlaub im warmen Süden, sondern viel lieber im Norden machen wollte.

Also hatte Christine, um das Problem nicht annehmen zu müssen, Kai eine geschickte Gegenfrage gestellt: „Liebling, wenn wir nun einen Ort finden, der genau unseren Vorstellungen entspricht und an dem wir aller Voraussicht nach einen wundervollen Urlaub verleben könnten: Wärst du dann bereit, mit mir dorthin zu fahren, auch wenn dieser Ort nicht so weit im Süden läge?“

Kai hatte natürlich ja gesagt. Und sie hatten dann nach gründlicher Recherche und gemeinsamer Planung ihren Urlaub im September gemeinsam in Finnland verbracht, bei herrlichem Wetter. Christine fand noch im Nachhinein, es waren die schönsten zwei Wochen ihres ganzen Lebens gewesen!

Christine war sich mit einem Mal bewusst, dass sie durchaus auch in der Vergangenheit schon Probleme der anderen nicht zu ihren gemacht hatte. Und nun, da sie das Prinzip der heißen Kartoffel auch analytisch so klar durchschaute, würde sie es noch konsequenter anwenden.

„Komisch“, dachte sie da plötzlich: „Constanze hat noch gar nicht angerufen“. Das hatte sie fest erwartet, weil sie sich selbst nicht gemeldet hatte. Aber sie war ja nun ausreichend vorbereitet. Sie wählte Constanzes Nummer. Nach längerem Klingeln war die Freundin dran. „Ach, Christine, ich bin so glücklich, du, ich kann gar nicht lange reden. Vorhin ist Markus gekommen, mit einem Riesen-Rosenstrauß, er hat sich entschuldigt. Wir wollen es noch einmal miteinander versuchen. Also, tschüß …“

Christine seufzte erleichtert. Wie heißt es so schön: Manche Dinge erledigen sich von alleine. Grinsend goss sie sich zur Feier des Tages ein Glas Cabernet Sauvignon ein, warf sich aufs Sofa, nahm ihren Krimi und war sofort in das spannende Buch vertieft – das hatte sie sich jetzt verdient!

Checkliste zum vierten Kapitel: Von heißen Kartoffeln und eigenen Entscheidungen

1. Denken Sie daran: Ein Ratschlag, den ein anderer Ihnen gibt, ist letztlich nie so wertvoll wie die Entscheidung, die in Ihrem eigenen Herzen getroffen wird. Ein Ratschlag kann immer nur eine Hilfe sein, mehrere Standpunkte und Möglichkeiten zu sehen, um dann für sich selbst die richtige Entscheidung zu treffen.

2. Wenn andere nach Ihrem Rat fragen, beherzigen Sie die „Contra-Ratgeber-Strategie“:

   1. Worum geht es?
   2. Was sind momentan mögliche Lösungen?
   3. Gibt es weitere denkbare Lösungen?
   4. Welche Lösung gefällt dir am besten?
   5. Dann tue es!

3. Bewahren Sie Ressourcen für Ihre eigenen Aufgaben, indem Sie öfter „Nein“ sagen.

4. Ein „Nein“ muss nicht ablehnend sein. Beherzigen Sie die „Nicht-alles-Annehmen-Strategie“: Sie müssen nicht jedes Problem eines anderen lösen.

5. Nehmen Sie nicht jedes Problem eines anderen an, sondern geben Sie den Ball zurück: So lassen Sie dem anderen die Möglichkeit, sich selbst zu helfen.

6. Stellen Sie Gegenfragen. So können Sie wertvolle Informationen sammeln, die Ihnen letztlich mehr Argumente liefern. Das ist besser, als sich persönlich angegriffen zu fühlen und in die Verteidigungsstellung zu gehen.

5. Kapitel:

Drastischer Druck beim Dresskauf

Bei ihrem nächsten Mentoring-Treffen kamen Jan und Julia darauf zu sprechen, dass die meisten Menschen viel Gewicht auf die Inhalte ihrer Aussagen legen, dabei aber zu oft vergessen, dass die Art und Weise, wie etwas vorgebracht wird, oft mindestens genauso wichtig, ja in vielen Fällen sogar wichtiger ist, um einen Erfolg erringen zu können. Jan machte Julia dies an einem weiteren Erlebnis Christines deutlich – als diese eine Methode kennen lernte, mit der sich auf durchaus höfliche Art und Weise drastischer Druck ausüben lässt …

Christine war sich jetzt sehr viel sicherer, die Präsentation erfolgreich hinter sich bringen zu können. Zumindest in Bezug auf die Inhalte … Doch wie hatte Alfredo einmal zu ihr gesagt: „Aussehen ist gleich Ansehen."

Die Form bestimmt in vielen Fällen den Inhalt – oder in Alfredos Worten: „Du würdest wertvolle Vorteile verschenken, wenn du nicht darauf achten würdest, bei geschäftlichen Terminen nur inhaltlich und nicht zugleich auch optisch zu überzeugen. Gerade als Frau ist das zwar gar nicht so einfach, aber wenn du eine gute Mischung zwischen businessgerechter Correctness und weiblicher Eleganz findest, dann hast du in jedem Fall eine hervorragende Ausgangsposition!"

Christine erinnerte sich, in einem Buch von Mehrabians Formel gelesen zu haben. Der amerikanische Psychologe hatte erforscht, wodurch der Mensch auf andere wirkt. Und herausgefunden: Nur sieben Prozent unserer Wirkung erzielen wir durch den Inhalt dessen, was wir sagen, 38 Prozent durch unsere Stimme und die Tonlage. Aber 55 Prozent der Wirkung erzielen wir durch das Aussehen, die Kleidung, die Körpersprache.

Christine war von dieser Untersuchung anfangs schockiert gewesen, fand es ungerecht, dass Menschen so oberflächlich beurteilt würden, hatte dann aber kapiert: Ihre Präsentation könnte inhaltlich noch so überzeugend sein – wenn sie als Persönlichkeit nicht zu überzeugen vermöchte, hätte sie verloren. Bis sie überhaupt ihre Argumente eins nach dem anderen einbringen könnte, hätten die Zuhörer längst ein Urteil gefällt. Schublade auf, Christine rein, Schublade zu. Und dann war es verdammt schwierig, aus dieser Schublade wieder herauszukommen. Also lieber von Anfang an überzeugen, nahm sie sich vor.

Am nächsten Abend fuhr Christine in die Innenstadt, um sich ein neues Business-Kostüm zu kaufen. Als sie in ihrem Lieblingsgeschäft ankam, fiel ihr auf, dass dort umgebaut worden war und die bisher eher kleine Herrenabteilung ihr Angebot ganz erheblich vergrößert hatte. Sogar die Burberry Hosen mit dem typischen Karomuster, die ihr so gut gefielen, wurden dort geführt! Christine beschloss ganz spontan, so eine Hose für Kai zu kaufen und sie ihm bei ihrem nächsten gemeinsamen Abendessen als kleines Überraschungsgeschenk mitzubringen. Außergewöhnliche Geschenke für außergewöhnliche Menschen, dachte sie.

Also ging sie geradewegs auf die Hosenständer in der Herrenabteilung zu. Hey, das waren ja Jeans mit dem Burberry-Muster, todschick, cool. Genau das richtige für ihren klassisch-sportlichen Kai. Eine einzige der Hosen hatte seine Größe – 106. Christine nahm sie und ging damit in Richtung Kasse. Plötzlich stellte sie fest, dass der Knopf an der Gesäßtasche fast abgerissen war – nur noch von einem einzelnen Faden gehalten wurde.

„Nicht so schlimm,“ dachte sie zuerst, „einen Knopf annähen, das dauert maximal zwei Minuten. Andererseits,“ fiel ihr dann ein, „vielleicht gibt es ja im Lager noch eine Hose, bei der der Knopf noch fest ist?“

Also sprach Christine einen Verkäufer an: „Entschuldigen Sie bitte, ich würde ganz gerne diese Hose kaufen und ich weiß auch, dass Größe 106 genau richtig ist. An dieser Hose ist der Knopf aber schon so gut wie ab. Haben Sie die Hose noch einmal in Größe 106?“

Der Verkäufer schüttelte den Kopf und erklärte ihr, dass dies die letzte in Größe 106 sei.

Na gut, dachte Christine, dann nehme ich eben diese Hose. Ein kleiner Nachlass für diesen Mangel wäre aber vielleicht drin. Kein hoher Betrag – mehr so ein Zeichen der Anerkennung für ihre zu leistende Arbeit!

Drei Minuten Arbeit für drei Euro, das wäre doch gerecht, überlegte Christine und sprach den Verkäufer noch einmal an: „Entschuldigen Sie bitte, da dieser Knopf, wie ja eben schon gesagt, so locker ist, und Sie keine andere Hose mehr haben, wären Sie denn mit einem Nachlass von, ähh …“, stockend brach sie ihre Frage an dieser Stelle ab.

Während sie ihren Satz aussprechen wollte, war ihr bewusst geworden, dass daran irgend etwas nicht in Ordnung war. Warum sollte sie ausgerechnet drei Euro dafür verlangen? Sie erinnerte sich an einen kleinen Merksatz, den sie einmal gehört hatte: „Verlange immer mehr, als du erwartest!" Natürlich wäre sie mit drei Euro zufrieden gewesen. Aber andererseits stellte sich ihr schon auch die Frage, warum sie genau soviel verlangen sollte – und nicht mehr (oder weniger)?

„Wer drei Euro verlangt, kann auch nur drei Euro bekommen", schoss es ihr durch den Kopf. Kaum ein Verkäufer würde wohl auf die Idee kommen und auf eine so konkrete Frage antworten: „Ach, Sie wollen nur drei Euro haben, da geben wir Ihnen doch besser gleich zehn!"

Ihr wurde plötzlich klar, dass bei Verhandlungsgesprächen – gleich welcher Art – ganz eindeutige Gesetze gelten: Wer, wie sie, sehr konkret nach einer Lösung fragt, kann keine andere, vor allem keine bessere erzielen. „Also", überlegte sie weiter, „wie kann ich diese Frage anders stellen, um möglicherweise ein besseres Resultat zu erzielen?"

Plötzlich hatte sie eine Idee – und fragte den Verkäufer: „Ich meine, dieser lockere Knopf ist ja wohl ein ausreichender Grund für einen Preisnachlass – deshalb die Frage: was schlagen Sie vor?"

Sofort als sie diesen Satz ausgesprochen hatte, wurde ihr klar, dass das die wohl beste Frage für die allermeisten Einkaufs-, aber auch Verkaufssituationen sein müsste. „Wer hat denn meistens den teureren Lösungsvorschlag im Kopf? Es gibt in aller Regel nur wenige unverschämte Kunden, die immer zu viel verlangen. Und es sind mit Sicherheit zumeist die Verkäufer, die in den meisten Fällen eher ein schlechtes Gewissen haben und deshalb eine viel teurere, sprich käuferfreundlichere Lösung im Kopf haben …"

Diese Annahme bestätigte sich auch sofort durch die Reaktion des Verkäufers, der antwortete: „Ja stimmt. Der ist fast ab. Wären Sie denn mit fünfzehn Euro Nachlass einverstanden?" Christine konnte darauf im ersten Moment gar nichts sagen. Unglaublich: fünfzehn Euro – fünfmal mehr, als ich ursprünglich erhofft hatte, dachte sie. Ich wäre ja mit drei Euro zufrieden gewesen. Über fünf Euro hätte ich mich schon sehr gefreut. Aber fünfzehn Euro sind weit mehr, als ich mir je hätte vorstellen können.

Allein durch die Frage „Was schlagen Sie vor?" hatte sie fünfmal mehr bekommen, als sie sich ursprünglich vorgestellt hatte. Wie gut zu wissen, dass diese Frage im Einkauf so hilfreich sein kann, dachte sie sich und überlegte, wie sich diese Erkenntnis wohl für die andere Seite, also für einen Verkäufer, nutzen lassen würde.

Ihr Hosenverkäufer hatte ja von sich aus, also ohne dazu von ihr gedrängt worden zu sein, fünfzehn Euro Nachlass gewährt. Wie hätte er denn – aus Verkäufersicht – besser reagieren können? Logisch, schoss es ihr durch den Kopf, er hätte die gleiche Frage stellen können. Er hätte fragen können: „Was schlagen Sie denn vor?", und Christine dadurch mit ihren ‚eigenen Waffen' schlagen können. Denn sie hätte auf diese Frage mit Sicherheit „drei Euro" oder vielleicht – wenn sie ihren ganzen Mut zusammen genommen hätte – „fünf Euro" geantwortet.

Egal, auf welcher Seite du in Zukunft stehst, fasste sie das eben Erlebte für sich zusammen, mit der Frage: ‚Was schlagen Sie vor?‘ erreichst du anscheinend wesentlich bessere Verhandlungsergebnisse, als du dir selbst vorstellen kannst.

„Sind Sie mit meinem Vorschlag einverstanden?“ unterbrach der Verkäufer ihre Gedanken. Und Christine antwortete: „Ja, herzlichen Dank, unter diesen Umständen nehme ich die Hose gerne mit!“ Die höfliche, aber auch unsichere Nachfrage des Verkäufers brachte sie auf die Idee, ihr neu entwickeltes System auch noch auf andere Bereiche anzuwenden.

„Ich bräuchte noch ein Kostüm und diverse Kleinigkeiten in der Damenabteilung. Ich habe allerdings sehr wenig Zeit. Können wir gleich rüber gehen und alles gemeinsam erledigen?“ fragte Christine deshalb.

„Ja gerne, ich trage Ihnen die Hose in die Damenabteilung, dort wird Sie eine Kollegin sicher gerne weiter beraten.“ Der Verkäuferin erklärte Christine: „Ich brauche ein schickes neues Kostüm, möglicherweise dazu ein, zwei Blusen und Strümpfe für einen wichtigen Geschäftstermin.“

Gemeinsam mit der Verkäuferin fand sie schon nach kurzer Zeit ein Kostüm, das wie für sie gemacht zu sein schien. Mit knielangem Rock und einer schlanken, auf Taille geschnittenen Jacke. Passend dazu wählte sie zwei Blusen. Eine hellblaue mit Kragen – eher konservativ geschnitten – und die andere, eine Art Shirt, etwas sportiver im Stil. Dazu fand Sie ein wunderschönes Seidentuch und zwei Paar Strümpfe, passend zum Farbton des Kostüms und zu den Blusen.

Ganz erstaunlich, überlegte Christine, da bin ich gerade einmal 35 Minuten hier und habe schon die Hose für Kai, ein

Kostüm, zwei Blusen, das Halstuch und zwei Paar Strümpfe gefunden. Alles in allem – sieben Teile!

Auf dem Weg zur Kasse fiel ihr Blick auf einen schönen kamelhaarfarbenen Pashminaschal. Als sie diesen Schal sah, wusste sie sofort, dass der das Tüpfelchen auf dem „i" sein würde. Sie nahm ihn von dem Garderobenständer und kuschelte sich hinein.

„So zart auf der Haut und trotzdem absolut warm – dieser Schal ist ein Traum, den muss ich haben!", war alles, was ihr in diesem Moment einfiel. Bis ihr Blick auf das Preisschild fiel. Au weia, fast zweihundert Euro. Sie seufzte. Diesen Schal würde ich zu gern haben. Sie gab sich einen Ruck. Ich werde mich ewig ärgern, wenn ich ihn jetzt nicht mitnehme. Ist schließlich eine Anschaffung fürs Leben!

Christine überlegte: Während die meisten Menschen in Bekleidungsgeschäften und Boutiquen viel Zeit verbringen, immer wieder suchen und überlegen, war sie schon immer schnell entschlossen und sehr zielstrebig bei ihren Einkäufen gewesen. So auch dieses Mal wieder.

„Warum", fragte sie sich, „sollte das nicht auch mal honoriert werden. Wenn das mit der Hose in der Herrenabteilung schon so gut geklappt hat, kann ich doch jetzt noch einmal versuchen, einen deutlichen Nachlass herauszuhandeln!"

Da fiel ihr Blick auf einen wunderschön gearbeiteten Leinenregenschirm mit Holzgriff. Christine überlegte, ob dieser Schirm nicht eine besonders schöne Form des Rabatts für sie sein könnte, wenn sie heute schon so viele, auch teure Teile kaufen würde.

Andererseits war es ihr immer peinlich, ganz direkt um einen Nachlass zu bitten … Wenn sie Kai bei seinen Einkäufen begleitete und der immer wieder nach Rabatten und Nachlässen fragte, wäre sie manchmal am liebsten im Erdboden versunken. Aber Kai hatte damit auch häufig Erfolg. Kurze Zeit zögerte sie, ob sie sich wirklich ein Herz fassen und nach einem Rabatt fragen sollte. Da fiel ihr ein Spruch ihrer Tante ein, die immer gesagt hatte: „Es gibt im Leben nur zwei Möglichkeiten. Entweder, du machst den Mund auf – oder den Geldbeutel. Ich empfehle dir, immer zuerst den Mund aufzumachen."

Eines allerdings, darin war sie sich sicher, wollte sie auf keinen Fall tun – auf diese typisch derbe Art und Weise sagen: „Ein Rabatt muss schon drin sein, wenn ich so viel bei Ihnen kaufe!" Das widersprach nicht nur ihrer ganz persönlichen Art – sie hatte auch schon sehr oft erlebt, dass gerade dieser harte, fordernde Ton in solchen Situationen meist fehl am Platz sein konnte.

Viele Geschäfte – so Christines Erfahrung – kamen dadurch erst gar nicht zustande. Eine Einigung ist von vornherein unmöglich gemacht, weil die Verkäufer viel zu sehr damit beschäftigt sind, ihr Gesicht zu wahren – und deshalb auf eine so hart und undiplomatisch vorgebrachte Forderung nur eines antworten können: „Nein!"

Christine überlegte kurz, wie eine positive Alternative formuliert werden könnte und sammelte gedanklich bereits ihre Argumente: „Erstens kann ich einen Nutzen für das Geschäft aufzeigen, schließlich war ich sehr schnell entschlossen. Dadurch hat das Kaufhaus wertvolle Arbeitszeit einer Mitarbeiterin eingespart. Zweitens werde ich meinen

Wunsch sehr höflich und mit sanfter Stimme formulieren. Drittens werde ich solche uncharmanten Ausdrücke, wie: ‚Da muss …‘ oder ‚Rabatt‘ einfach vermeiden und viertens stelle ich einfach nochmals die Frage: ‚Was schlagen Sie vor?‘ Mir scheint, das könnte funktionieren und wenn ich dann noch diesen Schirm beiläufig als Rabattmöglichkeit mit ins Gespräch bringe, dann ist das sicherlich auch nicht verkehrt.“

Sie überdachte noch einmal die konkrete Formulierung und begann dann: „Sagen Sie, ich sehe immer wieder Kunden bei Ihnen, die viel Zeit brauchen, sich sehr viele Dinge anschauen und sich vieles erklären lassen – dann aber doch nach Hause gehen, ohne etwas gekauft zu haben. Ich denke, da können wir beide richtig stolz darauf sein, was wir in dieser kurzer Zeit alles erreicht haben. In gerade einmal 35 Minuten haben wir acht Teile gefunden, die mir sehr gut gefallen: die Hose, ein Kostüm, zwei Blusen, zwei Paar Strümpfe, das Halstuch und auch noch diesen wunderschönen Pashminaschal.

Ja, diese acht Teile gefallen mir so gut, dass ich alles, so wie es ist, jetzt gleich bezahlen und mitnehmen möchte. Andererseits ist das schon eine so hohe Investition, dass ich dafür normalerweise schon etwas länger als 35 Minuten benötige. Deshalb meine Frage an Sie …,“ mit einem Mal fiel ihr ein wunderbares Synonym für das hässliche Wort Rabatt ein: „Deshalb meine Frage an Sie: Wenn ich an eine Art Bonbon denke“, und ihr Blick richtete sich sehr deutlich auf den Leinenschirm, „wenn ich also an eine Art Bonbon für meine Schnellentschlossenheit denke, dann lautet meine Frage an Sie: Was schlagen Sie vor?“

Es war offensichtlich, dass eine so formulierte Frage erst gar keine Peinlichkeiten entstehen ließ. Die Verkäuferin verstummte zwar kurz, überlegte, wirkte aber in keiner Weise verstimmt. Nach ihrer kurzen Denkpause antwortete sie etwas steif: „Entschuldigen Sie bitte, wir sind ein großes Modehaus und auf Grund unserer Größe sind wir leider an klare Anweisungen der Geschäftsleitung gebunden. Bitte verzeihen Sie, wenn wir hier manchmal nicht so handeln können, wie wir wollen!"

Christine wollte sich in diesem Moment schon geschlagen geben, als die Verkäuferin fortfuhr: „Wären Sie damit einverstanden, wenn wir Ihre Kurzentschlossenheit mit einem Regenschirm, einem Kleidersack und 80 Euro Rabatt honorieren würden?"

Christine war vollkommen fassungslos und konnte zuerst gar nicht glauben, was sie da zu hören bekam! „Das ist doch nicht Ihr Ernst?" entgegnete sie in der ersten Überraschung – um damit zum Ausdruck zu bringen, dass sie so viel gar nicht erwartet hatte.

Die Verkäuferin verstand sie allerdings völlig falsch und antwortete entschuldigend: „Tut mir leid, mehr können wir heute wirklich nicht machen!"

Jetzt restlos überrascht, wiederholte Christine: „Mehr können Sie wirklich nicht machen?" Doch durch den unerwarteten Erfolg beflügelt, stellte sie dann völlig unreflektiert, einfach aus einem Bauchgefühl heraus, noch die Frage: „Ja, was schlagen Sie denn dann noch vor?"

Und – Christine konnte es kaum fassen – die Verkäuferin sagte doch tatsächlich: „Also, da heute nichts mehr geht, schlage ich vor, dass wir bei Ihrem nächsten Einkauf wieder so ähnlich vorgehen. Melden Sie sich doch bitte bei Ihrem nächsten Besuch gleich bei mir – ich berate Sie gerne wieder". Unglaublich, dachte sich Christine. Zuerst wollte ich drei Euro haben – und bekam dreißig. Jetzt wollte ich einen Schirm haben – und bekam einen Schirm, einen Kleidersack und zusätzlich 80 Euro sowie das Angebot, in Zukunft öfter so günstig einzukaufen.

Sie überlegte, wie das alles zusammenhing: Die meisten Menschen formulieren ihre Wünsche zu eindeutig, zu hart und zu unhöflich. Damit brüskieren sie ihre Gegenüber und bekommen meistens viel weniger, als ihre Gegenüber zu geben bereit sind.

Für sie war klar: Die Frage „Was schlagen Sie vor?" würde in Zukunft einen hohen Stellenwert in ihrem Wortschatz einnehmen. Mit dieser einen Frage würde es möglich sein, mehr zu bekommen – seien es nun Rabatte, Ideen oder andere Formen eines Zugeständnisses.

Und während sie so darüber nachdachte, stellte sie fest, dass diese Frage viel zu schade war, um damit „nur" günstig Kleider einzukaufen. Mit dieser Frage würde sie wertvolle Vorteile bei Gesprächen mit Mitarbeitern und Vorgesetzten, mit Kunden und Geschäftspartnern, bei Diskussionen und verbalen Auseinandersetzungen erzielen.

Anstatt Sachverhalte, Wünsche oder Positionen als erstes zu formulieren – und damit angreifbar zu werden –, überlegte sie, ist es doch viel einfacher, erst einmal die Frage zu stellen: „Was schlagen Sie vor?" So komme ich automatisch in eine weitaus bessere Ausgangsposition. Gut geeignet wäre diese Frage auch für ihre bevorstehende Gehaltsverhandlung. Sie erinnerte sich an einen Spruch, den sie einmal gelesen hatte: „Wer in einer Verhandlung als erstes eine Zahl nennt, hat verloren."

Sie würde nicht einfach 250 Euro mehr verlangen, wie sie eigentlich geplant hatte. Sie würde die Frage stellen: „Was schlagen Sie vor?" Und wenn sie nur annähernd den Erfolg hatte wie beim Kleiderkauf, gab es bald schon einen wirklich guten Grund zu feiern.

Christine zahlte an der Kasse ihre Einkäufe und zog zufrieden mit ihren Tüten ab. In der benachbarten Parfümerie suchte sie sich noch ein wunderbares Badeöl aus: zartes Jojobaöl mit dem Duft nach Teerosen. Damit würde sie sich am Abend vor ihrem großen Auftritt ein entspannendes Schaumbad bereiten. Sodass sie ausgeruht und wirklich fit in ihre Präsentation gehen konnte.

Checkliste zum 5. Kapitel: Von Burberry-Jeans und Gehaltserhöhungen

1. Denken Sie daran: „Aussehen ist gleich Ansehen“. Wenn Sie eine gute Mischung zwischen businessgerechter Correctness und weiblicher Eleganz finden, haben Sie eine hervorragende Ausgangsposition.

2. Wir wirken nur zu 7 Prozent durch den Inhalt des Gesagten, aber 38 Prozent durch unsere Stimme und 55 Prozent durch unser Aussehen und unsere Körpersprache.

3. Denken Sie bei Verhandlungen – egal ob es um einen Preisnachlass oder etwas anderes geht – daran: Wer sehr konkret nach einer Lösung fragt, kann keine andere, keine bessere erzielen.

4. Fragen Sie stattdessen: „Was schlagen Sie vor?“ Mit dieser Frage erzielen Sie wesentlich bessere Verhandlungsergebnisse, als Sie sich selber vorstellen können.

5. Die meisten Menschen formulieren ihre Wünsche zu eindeutig, zu hart und zu unhöflich.

6. Anstatt Sachverhalte, Wünsche oder Positionen als erstes zu formulieren – und damit angreifbar zu werden –, ist es viel einfacher, erst einmal eine Frage zu stellen.

6. Kapitel:

Elementare Erkenntnisse mit Emil

Als Jan Julia das nächste Mal traf, diskutierten sie zuerst über die neuesten Verkaufszahlen der Möbelbranche. Plötzlich sagte Jan mehr zu sich als zu Julia: „Wenn alle unsere Mitbewerber ihre Produktvorteile ebenso gut ins Bewusstsein der Zielgruppen rücken würden, wie wir das tun, dann könnten wir ganz schöne Probleme bekommen …“
„Auf wen geht diese Art und Weise der Argumentation denn zurück?“, fragte Julia. „Nun, dein großes Erfolgsbeispiel Christine hatte daran maßgeblichen Anteil. Sie selbst hat übrigens sehr viel Wissenswertes darüber von einem guten Bekannten bei einem Essen erfahren – von ihrem Freund Emil …“

Christine hatte Emil, einen Studienfreund, zum Essen eingeladen, weil sie sich von ihm weitere wertvolle Tipps für ihre Präsentation erhoffte. Er war ein sehr erfolgreicher Verlagsgrafiker geworden, der in den Magazinen, für die er arbeitete, die Kunst des Verkaufens zur Blüte trieb. Obwohl er gerade mal Mitte dreißig war, zierte seinen Kopf eine spiegelnde Glatze, unter der einen warme, tiefbraune Augen freundlich ansahen. Jetzt war der erste Hunger gestillt und Emil, der für sein Leben gern aß, legte Messer und Gabel zur Seite.

„Also, nun leg schon los“, sagte Emil, „wie kann ich dir helfen?“

„Ganz einfach“, antwortete Christine „indem du mir für die bevorstehende Präsentation etwas über das erfolgreiche Überzeugen von anderen Menschen erzählst. Wie überzeuge ich meine Zuhörer? Wie verkaufe ich eine Vision? Wie formuliere ich meine Ideen am geschicktesten?“

„Aber das sind ja gleich drei Wünsche auf einmal!“, scherzte Emil.

„Stimmt, aber ich weiß, dass du dich damit bestens auskennst!“, antwortete Christine schlagkräftig. „Öffne doch mal deine prall gefüllte Erfahrungs- und Ideenschatzkiste und gib mir ein paar Tipps mit auf den Weg!“

Emil musste lachen. „Gerne, aber nur, weil du es bist! Die wichtigste Kernaussage, auf der viele Strategien aufbauen, lautet: Gute Ideen oder Produkte werden einem nicht verkauft – oder angedreht. Profis bereiten Präsentationen so vor, dass sich beim Zuhörer der Wunsch entwickelt, die vorgestellte Idee möglichst sofort umzusetzen …“

„Das klingt ja gut, aber wie schaffe ich das?“

„Indem du drei Strategien verfolgst, die ich dir anhand von ein paar Beispielen jetzt vorstellen werde.“

„Na, dann los“, antwortete Christine „ich bin schon ganz neugierig!“

„Also erstens merkst du dir mal den Begriff *Schraubenzieher.*“

Christine sah Emil fragend an: „Schraubenzieher?!“

„Weißt du, es ist wichtig, dass du Menschen Hintergründe aufzeigst, wenn du sie von etwas überzeugen willst. Ein Beispiel:

Wenn du heute in einen Baumarkt gehst und einem Verkäufer die Frage stellst: ‚Was ist das meistverkaufte Werkzeug dieser Welt?', dann wird er ohne zu überlegen antworten: ‚Mit Sicherheit der Schraubenzieher!' Weißt du, was daran eigenartig ist? Kein Mensch braucht einen ‚Schraubenzieher'!"

„Wie, kein Mensch braucht einen Schraubenzieher? Sogar ich habe zwei zu Hause – und bin nun überhaupt keine Heimwerkerin."

„Das ist nicht der Punkt, Christine," entgegnete Emil, „sag mir doch mal, warum hast du denn einen sogenannten ‚Schraubenzieher' zu Hause?"

„Ganz einfach, um ab und zu lose Schrauben anzuziehen", Christine wusste immer noch nicht, worauf Emil hinaus wollte.

„Siehst du, und das genau ist der Kernpunkt. Der Schraubenzieher ist das meist verkaufte Werkzeug der Welt, weil es fast überall ab und zu lockere Schrauben gibt. Für solche Gelegenheiten brauchen die Menschen einen Schraubenzieher.

Nun geht aber eben kein Mensch in einen Laden und sagt:

‚Entschuldigen Sie bitte, an meinem Küchentisch sind zwei Schrauben locker. Deswegen brauche ich ein Werkzeug, mit dem ich diese Schrauben befestigen kann'. Denn so, oder zumindest so ähnlich, müsste das Werkzeug, von der Funktion her betrachtet, ja heißen: Ein ‚Ich-mach-mal-wieder-die-Schrauben-fest-Werkzeug'. Das sagt natürlich niemand. Aber jeder hat diese Funktion vor Augen, wenn er ‚Schraubenzieher' sagt."

„Und", fuhr Emil fort, „genau das ist es, was du auch bei deiner Präsentation erreichen musst. Die Menschen brauchen keinen ‚Schraubenzieher', sondern ein ‚Ich-mach-mal-eben-die-Schrauben-wieder-fest-Werkzeug'. Genauso wenig brauchen die Menschen heute vordringlich neue Schreibtische oder Work stations, geschweige denn ganze Büroeinrichtungen. Was die Menschen, oder besser: was die Unternehmen wirklich brauchen, sind motivierte Mitarbeiter – Mitarbeiter, die die ihnen übertragene Arbeit erledigen, Mitarbeiter, die schnell arbeiten, die Spaß an der Arbeit haben, flexibel sind und und und …

Das ist genau der Punkt, den du treffen musst. Du darfst nicht sagen: ‚Wir haben hier einen schönen Schraubenzieher – der ist wunderbar blau, alternativ gibt es ihn auch grün…, Christine, glaub mir, das interessiert niemanden! Was die Menschen wirklich wissen wollen, ist, dass sie mit dem Schraubenzieher dafür sorgen können, dass lose Schrauben wieder festgezogen werden. Das ist das Prinzip hinter dem Prinzip – oder der eigentliche Grund, warum Menschen Dinge kaufen!"

Christine war erstaunt und nachdenklich zugleich. „Ja, das leuchtet ein. Aber wie lässt sich dieses ‚Schraubenzieher-Prinzip' denn nun auf unsere Büroeinrichtung bzw. auf unsere Schreibtische übertragen?"

Emil sah Christine konzentriert an. „Selbstverständlich brauchen die Menschen noch Schreibtische. Aber deswegen kommen sie doch nicht zu euch. Nicht zu Office. Von euch erwarten die Menschen mehr als eine Tischplatte mit vier Füßen. Sie wollen mehr! Wenn Du es schaffst, bei deiner Präsentation aufzuzeigen, worin dieses ‚Mehr' besteht – was die wesentlichen Vorteile sind, die weit über den reinen Gebrauchswert hinausgehen – dann hast du es geschafft …"

„Also werde ich mehr auf den Nutzen eingehen?"

„Exakt", antwortete Emil, „und nicht nur das. Du musst es schaffen, dass deine Zuhörer diese verschiedenen Nutzen und Vorteile selbst erkennen! Womit wir bei meinem zweiten Erfolgsrezept wären…" fuhr Emil fort, „es lautet IPA!"

„Und für was oder wen steht dieses Wort?", wollte Christine wissen.

„I steht für Information. P für Problem. Und A für Analyse. Im Prinzip geht es darum, dass du deinem Gesprächspartner in einem ersten Schritt alle wirklich wichtigen Basisinformationen vermittelst und sicherstellst, dass er die Situation richtig einschätzen kann. Dann machst du ihm deutlich, worin das Problem besteht. Und zum Schluss forderst du ihn auf, die möglichen Auswirkungen zu analysieren, bietest ihm dabei zugleich die von dir gewünschte Lösungsmöglichkeit an. Wichtig ist bei IPA, dass sich dein Gesprächspartner zuletzt selbst für die offerierte Lösung entscheidet!"

Christine überlegte: „Das muss ich demnächst einmal in der Praxis ausprobieren – so hört es sich noch ein bisschen zu theoretisch an …"

„Tu das. Du wirst sehen, nach diesem Muster kannst du jedes Gespräch führen. Möchtest du jetzt wissen, was der dritte entscheidende Faktor ist, wenn es darum geht, erfolgreich zu verkaufen?“

„Wie kannst du nur fragen?“, antwortete Christine ungeduldig. Emil grinste: „Der dritte Faktor lautet: ‚Fluss‘.“

„Wie bitte? Fluss?“

„Genau. Der ‚Wissensfluss‘. Und der ist ganz entscheidend! Ich werde es dir an einem Beispiel erklären. Der Begriff ‚Wissensfluss‘ soll auf die Tatsache hinweisen, dass du als Produktspezialist im Gespräch im Nachteil bist, wenn du es nicht schaffst, dein Spezialwissen zu vermitteln. Und zwar so zu vermitteln, dass am Ende der Kommunikationskette noch etwas davon übrig bleibt.“

„Wie meinst du das?“, Christine war sich nicht sicher, was Emil damit ausdrücken wollte.

„Nun“, antwortete Emil, nahm ein Blatt aus seiner Tasche und begann, mehrere Männchen zu zeichnen … „Nehmen wir an, du hältst einen Vortrag. Was schätzt du, wie viel Prozent des Gesagten bleibt den Zuhörern in Erinnerung?“

„Hm, weiß nicht genau, aber so sehr viel wird es wohl nicht sein!“

„Stimmt,“ stellte Emil fest, „es sind genau zehn Prozent. Überleg dir mal, was das heißt: Von all dem, was du in deiner Präsentation sagen wirst, werden nur zehn Prozent aufgenommen. Das bedeutet: 90 Prozent sind schon vergessen, wenn die Präsentation zu Ende ist!“

„Das ist ja furchtbar!“

„Ja, aber es kommt noch schlimmer! Überleg doch einmal: Sind diejenigen, die bei deiner Präsentation anwesend sind, auch die tatsächlichen Entscheider – also die Menschen, die später über den Kauf oder Nichtkauf dieser Linie entscheiden?"

„Ja, teilweise sind die Entscheider schon mit drin," antwortete Christine, „oft ist es aber auch so, dass diejenigen, die dabei sind, eine Vorentscheidung treffen – und dann ihrerseits die Produktlinie den eigentlichen Entscheidern, nämlich ihren Vorgesetzten, präsentieren."

„Jetzt wird es spannend", nahm Emil seinen Faden wieder auf, „wenn diese Teilnehmer deiner Präsentation selbst noch präsentieren müssen, dann präsentieren sie das bei dir Aufgenommene ja jemandem, der davon noch nichts weiß!"

„Ja, natürlich, das ist so!"

„Wie viel bleibt denn dann in dieser Präsentation bei den Zuhörern im Gedächtnis?"

„Wahrscheinlich auch wieder zehn Prozent", antwortete Christine – und wurde sich dabei zugleich der Tragweite dieser Aussage bewusst.

„Stimmt. Zehn Prozent von hundert Prozent hört sich ja zuerst einmal gar nicht so wenig an …, aber zehn Prozent von zehn Prozent, das sind ja nur …"

„Das ist gerade einmal ein Prozent," stellte Christine mit Entsetzen fest.

„Genau – und jetzt denk doch nur: Wie viele Jahre beschäftigst du dich schon mit Bürogestaltung und Innenarchitektur?"

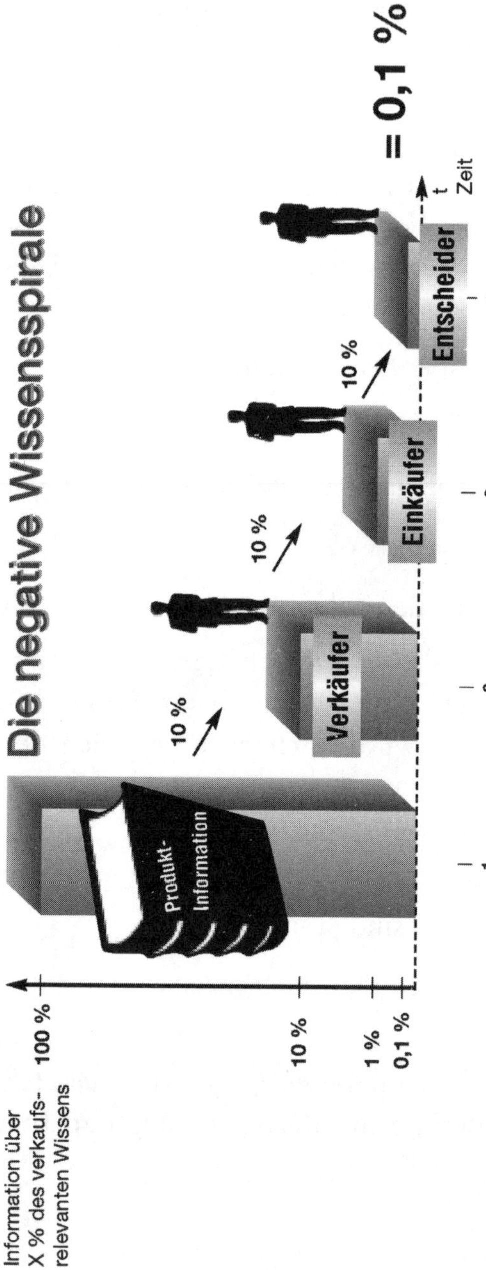
Die negative Wissensspirale
Information über
X % des verkaufs-
relevanten Wissens
100 %
10 %
1 %
0,1 %
Produkt-
Information
10 %
Verkäufer
10 %
Einkäufer
10 %
Entscheider
1
2
3
4
t
Zeit
= 0,1 %

„Nun ja“, überlegte Christine, „das sind jetzt schon an die sieben Jahre!“

„Und wie viel Prozent deines Wissens wirst du in der einen Stunde deiner Präsentation vermitteln können?“

„Du meinst, von dem Wissen, das ich mir in den sieben Jahren aneignen konnte?“, fragte Christine. „So gut wie nichts“, beantwortet sie sich dann selbst diese Frage.

„Fast nichts“, schränkte Emil ein. „Und wie viel wirst du denn in dieser kurzen Zeit von dem darstellen können, was deine Produktlinie so besonders interessant macht?“

„Sicher auch nur einige Höhepunkte – vielleicht fünf, vielleicht zehn, vielleicht auch fünfzehn Prozent. Aber ich will ja auch vor allem die wichtigsten Argumente herausstellen!“

„Das ist ja auch vollkommen richtig so. Aber jetzt mache ich dir einmal deutlich, wie wenig davon dann tatsächlich bei den Zuhörern in Erinnerung bleibt. Angenommen, es gelingt dir, sagen wir mal zehn Prozent von dem, was dir wichtig ist, so zu formulieren, dass es verstanden wird. Von den zehn Prozent bleiben dann um die zehn Prozent bei den Zuhörern im Gedächtnis haften. Bleibt also gerade einmal ein Prozent übrig. Und davon wird dann an die eigentlichen Entscheider wieder nur zehn Prozent weitervermittelt. Das bedeutet: 0,1 Prozent von dem, was wichtig ist, wird letztlich da ankommen, wo es ankommen soll.“

„Und was kann ich dagegen tun?“, fragte Christine – leicht entsetzt, „oder besser gesagt: Was kann ich tun, damit es nicht gar so negativ verläuft?“

„Du musst so plakativ und so deutlich wie möglich sprechen, damit das Gesagte gut verstanden wird! Ein Beispiel: Stell dir einen Mann vor, der zum Zeitpunkt der Hochzeit 75 Kilo wog und nach fünf Jahren Ehe mit 95 Kilo das erste Mal ins Fitnessstudio kommt. Diesem Mann nützt es doch wenig, wenn der Trainer ihm die technischen Details der Fitnessgeräte erklärt – oder?“

„Wohl eher nicht. Weil er sich sehr wahrscheinlich viel mehr dafür interessiert, wie er wieder schlank und begehrenswert für seine Frau wird“, grinste Christine.

„Ja genau“, fuhr Emil fort, „und überlege doch mal weiter: Wer dürfte bei diesem Szenario wohl der wirkliche Entscheider sein? Wer hat den Mann dazu gebracht, sich im Fitness-Studio anzumelden – wohl eher die Frau. Und weiter: Wenn der Mann nun seiner Frau von den wenigen technischen Details, die er aufgenommen hat, berichtet … was glaubst du? Unterstützt sie den Mann bei seinem Plan, so einen doch eher teuren Vertrag abzuschließen?“

„Wahrscheinlich eher nicht. Für sie wird sich das alles ja nicht sehr überzeugend anhören!“, antwortete Christine.

„Genau, wenn der Trainer dem Mann aber ganz genau erklärt, dass er durch das Training in kürzester Zeit wieder so schlank wird, wie er es zum Zeitpunkt ihrer Hochzeit war, sieht das ganze schon etwas anders aus. Der Trainer muss ihm also anschaulich vermitteln, dass er durch das Training wieder so begehrenswert für seine Frau wird, dass diese an einen anderen Mann nicht mal mehr denkt.“ Emil konnte ein Lächeln bei dieser kleinen Übertreibung nicht ganz unterdrücken.

„Und wie geht die Geschichte dann weiter?“ fragte Christine.

„Na, ganz einfach: Der Mann geht nach Hause. Er weiß weder, wie viele Geräte es im Fitnessstudio gibt, noch in welchem Zustand diese sind. Aber er erklärt seiner Frau eins: ‚Schatz, wenn du willst, dass ich wieder rank und schlank werde …‘ Was meinst Du wohl, was dann passiert, Christine?“

„Keine Frage, der Trainer hat bei diesem Mann und dieser wiederum bei seiner Frau die Sehnsucht geweckt, schlank und begehrenswert zu sein – und alle, auch der Fitnessstudiobesitzer, der einen neuen Vertrag abschließen kann, sind zufrieden.“

„Genau“, antwortete Emil, „und das Wichtigste für dich an dieser Geschichte ist, dass dies alles ohne klassische Produktinformationen funktioniert hat – und deshalb auch ohne die sonst nicht zu vermeidenden Informationsverluste! Denke immer daran, dass du nicht nur auf der Sachebene überzeugen kannst, sondern vor allem auf der emotionalen Ebene. Wenn deine Kunden ein gutes Gefühl haben, werden sie unterschreiben.“

Emil nahm die Zeichnung und schob sie zu Christines Platz. Sie nahm das Blatt, faltete die Zeichnung sorgfältig zusammen und steckte sie in ihre Handtasche.

„Danke Emil, du hast mir wirklich geholfen!“ Christine lehnte sich auf ihrem Stuhl zurück. „Aber weißt du, ich mag dich trotz deines kleinen Kugelbauchs. Komm, lass uns noch einen Eiskaffee bestellen!“

Checkliste zum 6. Kapitel: Von Schraubenziehern und Kugelbäuchen

1. Profis bereiten Präsentationen so vor, dass sich beim Zuhörer der Wunsch entwickelt, die vorgestellte Idee möglichst sofort umzusetzen.

2. Menschen brauchen keinen Schraubenzieher, sondern ein „Ich-mach-mal-wieder-die-Schrauben-fest-Werkzeug". Das ist das Prinzip hinter dem Prinzip – oder der eigentliche Grund, warum Menschen Dinge kaufen.

3. Zeigen Sie bei der Präsentation auf, worin das „Mehr" Ihres Produktes/Ihrer Idee besteht, was die wesentlichen Vorteile sind, die weit über den reinen Gebrauchswert hinausgehen – dann haben Sie es geschafft.

4. Das IPA-Prinzip (Information / Problem / Analyse): Vermitteln Sie im ersten Schritt alle wirklich wichtigen Basisinformationen, machen Sie dann deutlich, worin das Problem besteht. Fordern Sie zum Schluss die Zuhörer auf, die Fakten zu analysieren, und bieten Sie zugleich die von Ihnen gewünschte Lösungsmöglichkeit. Der Gesprächspartner wird sich selbst für die offerierte Lösung entscheiden.

5. Wissensfluss: Denken Sie daran: Von allem, was Sie während der Präsentation sagen, werden nur zehn Prozent aufgenommen. D.h. 90 Prozent sind schon verges-

sen, wenn die Präsentation zu Ende ist. Wenn diese Informationen zu den letztendlichen Entscheidungsträgern kommen, gehen noch einmal 90 Prozent verloren. Letztlich bleibt also nur ein Prozent der Information übrig.

6. Deshalb müssen Sie so plakativ und so deutlich wie möglich sprechen, damit das Gesagte gut verstanden werden kann.

7. Kapitel:

Freche Fakten formulieren

Julia hatte von Jan schon viel gelernt. Beim heutigen Treffen, das hatte Jan schon angekündigt, sollte die Präsentation von Christines erster Erfolgsmöbelreihe besprochen werden … Julia war schon sehr gespannt, wie Christine sich bei dieser Gelegenheit bewährt hatte. Denn Jan hatte das heutige Treffen etwas vollmundig unter das Motto „Wie es Christine gelang, mit frech formulierten Fakten Pluspunkte zu gewinnen" gestellt …

Am Tag vor ihrem großen Auftritt musste Christine nach Hamburg zu einem Designer-Kongress. Schon lange hatte sie sich da angemeldet, um etwas über neue Trends zu erfahren. Jetzt passte ihr der Termin zwar überhaupt nicht in die Planung, aber Werner Friedhelm hatte ihr zugeredet, den Termin wahrzunehmen: „Vielleicht bekommen Sie ja noch ein paar Anregungen."

Um es kurz zu machen, das Symposium war ein Flop. Kaum einer der Referenten hatte sich an das Motto gehalten „Funktion und Format – Feinde für immer?" Jeder betete seine eigene Philosophie herunter. Und die Präsentationen, darüber war Christine wirklich erschüttert, waren unter aller Kanone. Einer der Design-Päpste Deutschlands hatte eine

Multi-Media-Schau mitgebracht, die nicht wie geplant funktionierte, weil die Diaprojektoren verrückt spielten. Der Meister musste sich beim Sprechen dem rasenden Rhythmus der Projektoren anpassen und konnte nur im Stakkato auf die Inhalte eingehen.

Ansonsten brüstete er sich mit seinen Kontakten zur Industrie und wie wichtig ihn alle Bosse nähmen, pures Namedropping also. Ob dieser plumpen Selbstdarstellung tuschelten die Teilnehmer hinter vorgehaltener Hand. Auf eingeworfene Fragen reagierte der „Star" sehr ungehalten. Er zeigte deutlich, dass er keinen Wert auf Fragen legte und bürstete einzelne Kritiker heftig ab.

„Schade", dachte Christine, vor allem von ihm hatte sie lernen wollen. Was sie lernte: Eitelkeit ist der größte Feind der Präsentation. Wer nur sich selbst sieht und die eigene Großartigkeit, wer keinen Kontakt zum Publikum aufbauen kann und seine Zuhörer nicht wertschätzt, hat schon verloren.

Die nächste Rednerin hielt sich verzweifelt an ihrem Manuskript fest. Die Chefin eines großen Marktforschungsinstituts hatte sich die Rede offensichtlich schreiben lassen und las nun Wort für Wort ab. Manchmal kam sie sogar beim Ablesen ins Schleudern.

Christine litt fast körperlich mit. Welche Pein! Die Dame „krallte" sich regelrecht am Rednerpult fest, vermied es tunlichst, ihr Publikum anzuschauen und ihr monotoner Singsang über eine knappe Stunde versetzte das Auditorium fast geschlossen in den Tiefschlaf. Ein müder Beifall verabschiedete die Referentin und läutete die Mittagspause ein.

Am Nachmittag wurden die Reden zwar kürzer, aber nicht besser. Christines Aufmerksamkeit hatte sich inzwischen von den Inhalten auf die Äußerlichkeiten verschoben. Sie hatte eine Art Checkliste angefangen, welche Fehler die Männer und Frauen bei ihren Präsentationen machten. Sie war erschüttert, dass gerade Menschen, die für sich in Anspruch nahmen, kreativ zu sein, sich als so unkreativ bei ihrer Vortragsweise entpuppten.

Neben den „Herunterleierern“ und den „Möchtegern-Stars“ gab es die „Power-Point-Fetischisten“, die gnadenlos Computerpräsentationen abspielten. Dabei konzentrierte sich die Aufmerksamkeit des Publikums nur noch auf drehende Fragezeichen, auf- und abbrandende Diagramme, verlaufende Bildfolgen und unübersichtliche Kurven. Der Inhalt fiel völlig hinten runter!

Christine gähnte verschämt vor sich hin und begann, die Liste der Präsentationsfehler durchzunummerieren. Als sie bei 30 angekommen war, klappte sie ihre Mappe zu und verließ den schummerigen Saal. Es reichte.

Hier Christines Liste der größten Präsentationsfallen:

1. Herumwandern – jeden Quadratmeter des Teppichs abschreiten.
2. Mit dem Rücken zu den Zuhörern die Folien vorlesen.
3. Folien mit Schrift unter 16 Punkt zeigen, die sich nur als Sehtest eignen.
4. Dumme Sprüche zu Anfang machen, die die Zuschauer beleidigen können.

5. Folien auflegen und gleich wieder runterreißen: „Finden Sie in Ihren Unterlagen".
6. Einzelne Fakten – ohne roten Faden.
7. Zu viele Zahlen, mit denen der Überblick verloren geht!
8. Monotone Stimmlage, die Zuhörer in den Tiefschlaf versetzt.
9. Zwischenfragen nicht zulassen und/oder aggressiv darauf reagieren.
10. Mit Fachbegriffen um sich werfen, ohne Rücksicht auf die Zielgruppe.
11. Zuhörer unterschätzen.
12. Folien falschrum auflegen: schräg, zu hoch, verkehrt herum.
13. Mit spitzem Zeigefinger auf die Zuhörer einreden.
14. Mit der Zeit in Verzug geraten und deshalb keine Zeit für Fragen mehr haben.
15. Zu plumpe Werbung für sich machen.
16. Zuhörer mit zu viel Technik (die schief gehen könnte) erschlagen.
17. Geräte im Voraus nicht testen, z.B. schadhafte Mikrofone, verschmutzte Overheadplatten, leere Stifte.
18. Folien mit unleserlicher „Apothekerschrift" schreiben.

19. Zu komplizierte Säulen-, Stab-, Kurvendiagramme usw.
20. Zu warm und zu dunkel im Raum – Einschlafgefahr!
21. Zu schnell sprechen aus Angst vor Zwischenfragen.
22. Unbequeme Kleidungsstücke, unbequeme Schuhe, die die Konzentration des Trägers stören.
23. Nicht darauf achten, dass hinter dem Referententisch auf der Bühne die Hälfte der Folien nicht zu sehen ist.
24. Den Flipchart in den Blickwinkel der Leinwand stellen, so dass die Außensitzenden nichts sehen.
25. Weiterreden, und dabei schon eine neue Textfolie auflegen, die die Zuhörer währenddessen lesen.
26. Folien von vor 1990 verwenden.
27. Permanent in der männlichen Form sprechen, obwohl viele Frauen im Auditorium sitzen.
28. Mit dem Körper im Licht der Overhead-Lampe stehen und Schatten werfen.
29. Die dritte Kopie von der Kopie als blasse Folie auflegen.
30. Langweilig sein.

Als Christine endlich im warmen Sonnenlicht der Rotenbaumchaussee stand, atmete sie erleichtert auf, zurück im Leben! Zwei Stunden blieben ihr noch, bis sie zum Flughafen musste. Also nichts wie hin zum Jungfernstieg. Sie bummelte die große Bleiche hinauf, an einem der unzähligen Kanäle wieder herunter. In einem Café am Wasser trank sie einen köstlichen, goldbraunen Tee mit Kandis und Sahne, freute sich an den Sonnentupfern auf den kleinen Wellen und beschloss, diesen Tag abzuhaken unter „Jetzt weiß ich wirklich, wie man es nicht machen sollte".

Auf der anderen Uferseite, vor dem Rathaus, sah sie einen Straßenkünstler, der großen Zulauf hatte: Er imitierte die Passanten, lief wie ein Schatten im gleichen Rhythmus hinter ihnen her, blieb stehen, wenn seine „Objekte" stehen blieben, sah sich um, wenn sich diese umsahen. Ruderte mit den Armen, wenn sie es taten.

Er war perfekt. Sein ganzes Interesse, seine ganze Konzentration galt seinen „Opfern", und dieser absolute Einklang schuf den Effekt. Christine musste lachen. Vielleicht sollte man den das nächste Mal auf einen solchen Kongress einladen, dachte sie, damit die Referenten lernen, was es heißt, sich auf sein Publikum einzustellen.

Fast wehmütig nahm sie Abschied von ihrem Logenplatz, um zum Flughafen zu fahren. Aber schließlich hatte sie am nächsten Tag eine große Aufgabe vor sich.

Am nächsten Morgen wachte sie zwar früher als gewöhnlich auf, fühlte sich aber gut erholt. Nach ihrem Schaumbad hatte sie abends noch zärtlich mit Kai telefoniert und sich mit ihm für den nächsten Abend verabredet – um auf den Erfolg anzustoßen.

Sie kleidete sich nach einem kleinen Frühstück sorgfältig an, und freute sich noch einmal an der gelungenen Kombination aus Kostüm und Bluse. Es war schick, saß aber total locker.

Sie schminkte sich sorgfältig, zog bequeme Schuhe an, legte einen schlichten Goldreif um den Hals und band ihre eleganteste Uhr um. So, sie hatte für ihr Äußeres getan, was sie konnte. Jetzt hieß es, sich ganz und gar auf die Sache zu konzentrieren.

Sie hatte einmal ein sehr schönes Wort für diese Vorgehensweise gelesen: „Selbstvergessenheit". Es bedeutet, das Beste in die Vorbereitung zu stecken und dann das Äußere schlichtweg zu vergessen, also nicht mehr an sich herum zu zupfen oder nesteln, keinen Gedanken auf die Falte im Rock oder eine schlecht sitzende Haarsträhne zu vergeuden.

Schon um kurz nach acht betrat Christine den großen Besprechungsraum, sie wollte sich Zeit nehmen, „anzukommen", ohne Hektik und Eile. Dabei rief sie sich noch einmal die Tipps von Alfredo in Erinnerung und nahm sich fest vor: „Du wirst die Idee heute nicht nur vorstellen, sondern so unwiderstehlich präsentieren, dass jeder davon überzeugt ist."

Sie richtete das Modell her, das sie eigens hatte anfertigen lassen, um die neue Bürolinie vorzustellen, und deckte es vorsichtig mit einem Tuch ab – das würde das Sahnehäubchen auf ihrer Präsentation werden, da außer ihrem Chef niemand wusste, dass es schon ein solches Modell gab.

Dann baute sie ihre Flip-Charts auf, um die vorbereiteten Pläne und Zeichnungen daran aufzuhängen. Sie wusste, wie wichtig es war, die wesentlichen Argumente nicht nur vorzutragen, sondern diese mit Hilfe von Bildern auch zu visualisieren.

Als alles bereit war, blieben ihr noch ein paar Minuten. Christine erinnerte sich an eine Meditations-Übung, die das Lampenfieber mindern sollte: Sie schloss die Augen und stellte sich vor, dass weißes, strahlendes Licht von oben über ihren Körper rauschte wie eine Dusche. Licht, das sie einerseits mit positiver Energie versorgte und sie andererseits wie ein Schutzmantel zärtlich umgab. Sie holte tief Luft und augenblicklich stellte sich ein Wohlgefühl tiefen Vertrauens ein. Sie öffnete ihre Augen wieder und lächelte.

Da kamen sie ja schon alle: Werner Friedhelm, Beatrice Dall, Udo Pauls, Rainer Wegener, Walter Zirn und sechs weitere Vertriebsmitarbeiter. Es war so weit – die ersehnte und zugleich befürchtete Präsentation konnte beginnen.

Trotz aller Vorbereitungen wurde sie jetzt doch nervös. Ihr Puls beschleunigte sich. Christine begann zu schwitzen. Um ruhiger zu werden, atmete sie einmal ganz tief durch. Dann noch einmal. Sie konzentrierte sich darauf, den Boden unter den Füßen zu spüren. Ein Trick, um Nervosität abzubauen und sich, wie Kai es immer bezeichnete, noch einmal zu „erden". Sie erinnerte sich an ihre ersten Vorbereitungen für diese Präsentation. Und daran, wie schwierig es gewesen war, einen die Zuhörer fesselnden Einstieg zu finden.

Die meisten Präsentationen, die sie bis jetzt gehört hatte, fingen mit eher belanglosen Floskeln oder den üblichen Begrüßungsformeln an: „Guten Tag, meine Damen und Herren", „Ich werde jetzt ..." Manche Referenten sagten auch: „Guten Tag, ich darf mich kurz vorstellen ...".

Christine war von Anfang an klar gewesen, dass sie so nicht beginnen wollte. Am liebsten hätte sie bei solchen Sätzen die Frage gestellt: „Dürfen? Wieso ‚dürfen‘? Wer hat Ihnen das erlaubt, wenn Sie von ‚dürfen‘ sprechen!“

Andere sagten: „Ich möchte mich gern vorstellen“, statt es einfach zu tun. Es gab so viele Floskeln, so viele nichtssagende Worte. Das Schlimmste daran: Was schlecht beginnt, geht oft auch so weiter. Meist folgte solchen Begrüßungsworten eine ganze Litanei von Entschuldigungen. Entschuldigungen dafür, dass die Vorbereitung nicht hundertprozentig gewesen war. Entschuldigungen dafür, dass man die Zuhörer Zeit kosten würde. Entschuldigungen dafür, dass man eigentlich die falsche Person am falschen Ort sei – aber nun trotzdem diese Präsentation durchführen müsse.

Floskeln und Un-Worte, wie dieses „eigentlich“, das so viele Menschen bei Präsentationen verwenden … Christine fand solche Formulierung grauenhaft. „Eigentlich gefällt mir dieser Vorschlag sehr gut“ – was sollte das heißen: gefiel der Vorschlag nun, oder gefiel er eigentlich nicht?

Un-Worte und Leerformeln … Christine hatte bei der Vorbereitung auf diese Präsentation sehr viel Energie darauf verwendet, solche Worthülsen zu vermeiden. Sie hatte sich extra ein Blatt angefertigt, auf dem sie solche Worte sammelte – und jeweils dahinter einen Begriff geschrieben, der das vorne stehende Un-Wort ersetzen sollte. Dieses Blatt lag immer auf ihrer Schreibtischabdeckung, damit sie sich langsam daran gewöhnen konnte, diese Begriffe durch treffendere oder korrekte Bezeichnungen zu ersetzen.

Vor allem das Wort „man“ fand sie in diesem Zusammenhang ganz schrecklich. Bei diesem Begriff musste sie immer daran denken, wie bestimmte Menschen (vor allem ein bestimmter Typ Vorgesetzter) Anweisungen gaben: „Da sollte man was tun", „Man müsste mal wieder …". Das war ja so einfach – und zugleich so verwirrend. Schließlich wurde ja niemand konkret angesprochen!

Wenn Christine eine solche Formulierung mit anhören musste, hatte sie sich immer gefragt: „Wer ist ‚man' – das heißt, wer erledigt die in den Raum gestellte Aufgabe?"

In ihrer Abteilung hatten sie ein Spiel eingeführt, um sich solche Un-Worte abzugewöhnen. Mit ihrer Kollegin Veronika hatte sie vereinbart, dass jedes „eigentlich" oder „man" mit einer Mark in die gemeinsame Kaffeekasse bestraft wurde. Sie rief sich die Liste auf ihrer Schreibtischunterlage noch einmal kurz vor Augen:

Worte, die Worte bleiben (weil sie nichts aussagen!)

Sage nicht:		Sage besser:
aber	→	und, jedoch, obwohl
alt	→	bewährt
man	→	Sie, du, ich, Name
das kostet	→	Sie bekommen es für
ausverkauft	→	hohe Nachfrage
kompliziert	→	komplex
ganz ehrlich	→	weg lassen!
klein	→	spezialisiert
unbekannt	→	Geheimtipp
Kosten	→	Investition
Problem	→	Herausforderung, Chance

nur	→	besser ganz weg lassen
trotzdem	→	und
Konkurrenz	→	Mitbewerber
ich würde	→	ich werde
wir müssen	→	wir werden
ersatzlos streichen:		„eigentlich"

Ebenfalls fest vorgenommen hatte sich Christine, bei ihrer Präsentation nicht zu sehr auszuschweifen. Nichts fand sie schlimmer, als endlose Reden ohne konkreten Inhalt! „Totquatschen" nannte sie diese schreckliche Angewohnheit.

Erst neulich wieder, als Böcker, zweiter Mann der Controlling-Abteilung, diese fürchterlich langweilige Rede gehalten hatte. Christine erinnerte sich mit Grausen daran …

„Wenn man bedenkt, dass man hier unter Umständen, zumindest unter den gegenwärtigen Umständen, die man zumindest im Groben oder auch im Prinzipiellen einkalkulieren müsste, dann sollte man bedenken, dass man hier eigentlich, und zwar, bevor man nun einen ersten Schritt tut, diesen selbstverständlich und damit auch logischerweise vorab plant, überlegt und bedenkt, da wir sonst ohne die möglichen Bedenken hier unter Umständen … Denn eigentlich …"

Christine konzentrierte sich auf ihre heutige Aufgabe. Kontrollierte noch einmal ihre Körperhaltung – ob sie aufrecht stand, die Arme nicht verschränkt hatte oder durch eine andere Geste einen verschlossenen Eindruck machte und begann dann: „Unsere Kunden verbringen mehr Zeit mit uns als mit ihrem Lebenspartner."

An den Blicken ihrer Zuhörer merkte sie, dass sie mit diesem Satz Interesse geweckt hatte.

„Ja, meine sehr geehrten Damen und Herren, Sie haben richtig gehört: Unsere Kunden verbringen mehr Zeit mit unseren Produkten, als sie im wachen Zustand mit ihrem Lebenspartner verbringen. Eine Bürokraft sitzt heute länger am Schreibtisch, als sie zuhause aktiv ist. Deshalb," führte Christine weiter aus, „wird es für Unternehmen immer wichtiger, dass sich die Mitarbeiter in ihrem Unternehmen wohl fühlen. – Gerade in einer Zeit der wachsenden Ansprüche, in einer Zeit, die durch zunehmende Geschwindigkeit, wachsende Informationsflut, immer komplexer werdende Vernetzung und einen ständigen Wandel geprägt ist. Denn nur mit motivieren Mitarbeitern können wir den Herausforderungen unserer Zeit gerecht werden!"

An den Reaktionen ihrer Zuhörer merkte Christine, dass sie den richtigen Ton gefunden hatte. Alle Augen waren offen und neugierig auf sie gerichtet, einige lächelten. „Weiter so", spornte sie sich innerlich selbst an. Und konzentrierte sich dann sofort wieder darauf, mit möglichst vielen ihrer Zuhörer Blickkontakt aufzubauen.

Weil die Gruppe doch recht groß war, suchte sie sich zuerst auf der rechten Seite einen Menschen aus; hier saß Werner Friedhelm, den sie immer wieder kurz anlächelte. Dann einen auf der linken Seite; dort saß Beatrice Dall, ganz hinten suchte sie sich Udo Pauls als visuelle Stütze aus. Durch regelmäßige Blicke zu diesen drei Personen war es ihr möglich, zumindest den Eindruck zu erwecken, als ob sie alle anwesenden Personen direkt ansprach. Außerdem übte sie den „Scheitelblick", sie ließ ihre Augen in Höhe der Scheitel über die Zuhörer hinweggleiten.

Sie erinnerte sich auch wieder an die begeisterten Worte, die Alfredo bei der Beschreibung der italienischen Eissorten benutzt hatte, um ihr zu vermitteln, dass es nicht ausreichte, Sachverhalte zu schildern. Menschen wollen von Emotionen hören – nicht von Dingen. Also legte sie noch mehr Gefühl in ihre Worte, ihre Augen strahlten, man spürte förmlich ihre Leidenschaft für dieses Thema. Und es war auch sofort zu merken, wie es ihr dadurch gelang, die Aufmerksamkeit weiter auf sich zu ziehen.

Jetzt musste sie nur darauf achten, mit ihren Ausführungen den Erwartungen ihrer Zuhörer zu entsprechen. Darum fädelte sie ganz geschickt eine Frage in ihren Vortrag ein: „Was sind denn die Erwartungen, die unser Unternehmen an diese Produkte stellt – und welche Erwartungen unserer Kunden müssen diese Produkte erfüllen?"

Reaktionen ließen, wie beabsichtigt, nicht lange auf sich warten: „Es ist wichtig, dass die Verkabelungen auf der einen Seite der Schreibtische besser verborgen werden können – sich beim Umbau von EDV-Geräten aber auch schnell modifizieren lassen, ohne dass große Umbaumaßnahmen durchgeführt werden müssen", warf einer der Vertriebsmitarbeiter in die Runde.

Ein anderer fügte hinzu, dass die Bürowelt derzeit immer mehr Designbewusstsein entwickele – dass nicht mehr nur die Funktionalität, sondern auch Form und Erscheinungsbild zählen würden.

Eine weitere Stimme sprach sich für eine wesentlich modularere Konstruktion von Büromöbeln aus. Ein anderer sagte: „Die Kunden verlangen immer mehr nach Baukastensystemen. Der eine möchte zum Beispiel die schwarze Tischplatte mit den runden Chromfüßen. Ein anderer eine Glastischplatte mit eckigen Stahlfüßen."

Christine war froh über diese Reaktionen. Denn dieses Einbinden der Zuhörer gehörte zur zentralen Strategie ihrer Präsentation. Nicht nur, um die Zuhörer zu aktivieren. Und auch nicht nur, um ihren Vortrag aufzulockern. Nein, es gab da auch noch einen wesentlich tieferen Sinn, den sie für sich selbst mit dem Wort „Schlüsselwortpräsentation" umschrieb. Ihr war klar, dass Argumente, unabhängig von ihrer Qualität, nur dann wirksam werden können, wenn es Argumente sind, die den Bedarf der davon betroffenen Menschen auch decken. Schließlich: Was nützt das beste Argument, wenn es für die Zuhörer nicht relevant ist?

Sie musste herausfinden, was für ihre Zuhörer wichtig war, welche „Schlüsselwörter" oder „Keywords" den Kern der Sache trafen. Deshalb stellte sie ihren Zuhörern weitere Fragen nach den wichtigsten Anforderungen und notierte die wichtigsten Antworten auf dem Flip-Chart, um dann später genau auf diese Worte in ihrer Präsentation einzugehen. Dadurch wurde ihr die Argumentation sehr erleichtert – schließlich hatte sie jetzt Aussagen ihrer Zuhörer, an die sie jederzeit anknüpfen konnte!

Christine fuhr fort. „Meine sehr verehrten Damen und Herren, die Frage, worauf es heute ankommt, haben wir uns im Vorfeld natürlich auch gestellt. Neben den Punkten, die sie nannten, kommen unserer Ansicht nach noch zwei weitere Punkte hinzu, die wir besonders berücksichtigen sollten:

Punkt A, dass wir individuelle Reihen für Großkunden, beispielsweise in deren Hausfarben, produzieren können sollten; und Punkt B, dass unsere Tischplatten, entsprechend der verschiedenen Aufgaben, die damit bewältigt werden können, neigungsverstellbar sein müssen.“

Christine hatte sich auf diese Zusammenführung von eigenen und fremden Argumenten gut vorbereitet. „Es darf nicht so aussehen, als könnte ich nur die Punkte aufgreifen, die aus dem Publikum kommen. Ich muss auch zeigen, dass ich mir selbst einige Gedanken darüber gemacht habe.“ Deshalb lenkte sie jetzt die Blicke der Anwesenden auf eine von ihr vorbereitete Grafik, mit den von ihr eruierten Analysepunkten, die sie in den Flip-Chart einspannte.

„Lassen Sie uns heute zwei Büromöbellinien ansehen, die nicht nur die genannten Punkte erfüllen, sondern sich zugleich noch durch zwei weitere innovative Merkmale auszeichnen.“ Bei diesen Worten hatte sie Werner Friedhelm im Blickfeld, der ihr zustimmend zulächelte.

Christine fühlte sich in ihrer Meinung bestärkt, dass sich Aufmerksamkeit steigern lässt, wenn ein Redner eine vertiefte Darstellung eines kurz angerissenen Themas andeutet. Der Grund dafür lag ihres Wissens nach im sogenannten Zeigarnik-Effekt begründet – benannt nach der Psychologin Bluma Zeigarnik.

Bluma Zeigarnik hatte festgestellt, dass unerledigte oder nicht abgeschlossene Handlungen wesentlich besser in Erinnerung bleiben als erledigte. Außerdem, so ein weiteres Ergebnis ihrer Forschungen, besteht bei allen Menschen die Tendenz, sich immer wieder mit den unerledigten Dingen auseinander zu setzen.

Christine erklärte sich dieses Phänomen damit, dass das menschliche Gehirn wie ein Schubladen-System arbeitet.

Also wie eine Art Kommode, die unendlich viele Schubladen hat. Je mehr Schubladen offen sind, desto mehr Aufmerksamkeit wird den offenen Schubladen gewidmet. Gleichzeitig besteht der Wunsch, diese Schubladen zu schließen.

Seitdem Christine über den Zeigarnik-Effekt gelesen hatte, setzte sie dieses Wissen auch immer wieder ein – indem sie z.B. bereits bei der Begrüßung eines Geschäftspartners auf einen später zu klärenden Punkt hinwies: „Schön, dass wir uns heute sehen und unser Protokoll weiter besprechen können. Ich habe übrigens noch einige Informationen, die sicherlich sehr interessant sind für Sie. Aber dazu später."

Mit so einem Satz schaffte sie es immer wieder, die Aufmerksamkeit von Zuhörern auch über einen längeren Zeitraum zu erhalten.

„Ganz ähnlich", erklärte es Christine einmal einer guten Freundin, „laufen Krimis im Fernsehen ab. Auch da wird dieser Effekt genutzt. Gerade wenn sich der Mörder mit dem Messer an das Opfer heranschleicht und zum tödlichen Streich ausholt – Werbepause. Fernsehleute verstehen ihr Geschäft: Immer wenn es spannend ist, werden neue Themen eingeführt. So können die Zuschauer bei der Stange gehalten werden!"

Durch die Ankündigung von zwei weiteren innovativen Bereichen war es Christine bei der Präsentation gelungen, die Spannung noch einmal zu steigern:

„Bevor wir auf diese innovativen Zusatzbereiche näher eingehen, und bevor ich Ihnen unser Produktmuster zeige, lassen Sie mich noch einmal festhalten, welche Schlüsse wir aus dem bisher Gesagten folgern können."

Christine hatte sich überlegt, dass sie zuerst einmal sagen und begründen musste, warum die Produktlinie genau so und nicht anders aussehen konnte. Erst danach machte es Sinn, die Linie zu zeigen.

Viele Menschen stellen ohne eine entsprechende Hinführung eine These auf „Das ist genau das richtige Auto für Sie!“, verwirren damit ihr Gegenüber oder fordern es – noch schlimmer – zu einem Widerspruch heraus. Erst dann, also viel zu spät, begründen sie dann ihre These. Nur, so die Erfahrungen von Christine, wenn erst einmal ein Nein vom Gesprächspartner gekommen war, gelang es fast nie, daraus noch ein Ja zu machen!

Ein Leitsatz, an den sie sich fast immer hielt, lautete deshalb: Begründe, bevor du etwas sagst (und damit dein Gegenüber vielleicht zu einem Widerspruch bewegst) – anstatt zuerst Aussagen zu treffen und sie dann zu begründen.

Christine machte sich also daran, ihre Entscheidung vor der Präsentation der Lösung zu begründen. Dabei benützte sie ein ganz besonderes Verfahren, das sie einmal scherzhaft einem Bekannten als „Begründungsburger“ vorgestellt hatte.

Wenn es darum geht, Menschen von technischen Dingen zu überzeugen, sind die entsprechenden Aussagen sehr nüchtern – fast immer werden nur die Eigenschaften beschrieben. Christine aber wusste, dass Eigenschaften allein niemals überzeugen können. Ihr war es deshalb wichtig, neben den Eigenschaften auch noch einmal den Nutzen und den Beweis des Nutzens darzustellen.

So sagte sie beispielsweise: „Diese Tischplatte kann auf einem Gestell leicht nach vorne gezogen werden, damit der

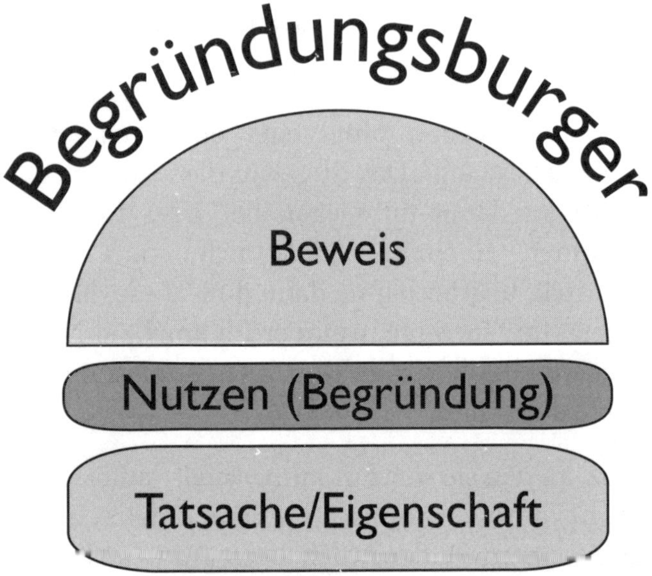

Kabelkanal frei gelegt wird.“ Eine typische Eigenschaftsbeschreibung also. Deshalb sprach sie gleich weiter und fügte der Eigenschaftsbeschreibung noch eine Nutzendarstellung an: „Deshalb lassen sich die Kabel innerhalb von 10 Sekunden neu verlegen und man kann zusätzliche Teile sehr einfach in den Verkabelungsschacht unter der Tischplatte integrieren.“

Jetzt fehlte noch der entsprechende Beweis. Also ein Beispiel, eine Analogie, eine Referenz, ein Schaustück, eine Statistik, ein Expertenzeugnis, eine Demonstration oder eine Tatsachendarstellung.

Eine Argumentation, das war ihr nur zu bewusst, musste sich immer an folgendem Schema orientieren:

1. **Führung** übernehmen: Wer fragt, führt – wer also zum Beispiel die richtigen Keyword-Fragen stellt, führt die Diskussion.
2. **Begründen:** Denn wer begründet, überzeugt.
3. **Beweisen:** Der Beweis bewirkt schließlich die Glaubwürdigkeit der Aussage.

Um leicht nachvollziehbar argumentieren zu können, hatte sich Christine eine Möglichkeit der Beweisführung ausgedacht, bei der jeweils ein Buchstabe des Alphabets für eine entsprechende Form des Beweises steht. „B“ also für ein Beispiel, „A“ für eine Analogie. Das „SCH“ stand für das Schaustück, das sie am Schluss noch vorstellen wollte. „ST“ für Statistik, also zum Beispiel für die Aussage, dass sich viele Kunden darüber geärgert hatten, dass die Kabel im Fußbereich der Tische offen lagen. „E“ stand für Expertenzeugnis, also dafür, dass der TÜV, bzw. ein neutrales Prüfungsinstitut, die Produkte getestet und für gut befunden hatte.

Christine hatte eine ganze Reihe von Beweisführungen vorbereitet – und wählte sich jetzt einzelne, besonders überzeugende, aus und stellte sie vor. Was sich als guter und erfolgreicher Weg erwies – mit Sicherheit auch deshalb, weil Christine die mündlich vorgetragenen Beweise an einer großen Pinwand mit Hilfe von beschrifteten farbigen Kärtchen auch noch visualisierte.

Sie wusste, wie wichtig es ist, Dinge nicht nur zu sagen, sondern sie vor allen Dingen auch zu zeigen. Sie hatte sich sechs Ideen ausgedacht, wie sie ihre Aussagen untermauern konnte.

Idee Nr. 1:
Verwende Originale, Schaustücke oder Modelle.
So hat Christine für ihre Präsentation den Originaltisch aufgestellt und auch das Modell eines kleinen Büros parat, damit sie Dinge am Objekt darstellen und zeigen konnte.

Idee Nr. 2:
Referenzen und Testimonials sagen mehr als eigene Aussagen.
Christine wusste, dass die Aussagen anderer in Präsentationen und Verkaufsgesprächen oftmals mehr wert sind und sammelte deshalb Aussagen von über zwanzig Personen, die sie zu den einzelnen Möbelstücken interviewt hatte. Sie fasste die Aussagen zusammen und klebte diese auch auf kleine Kärtchen an die jeweiligen Möbelstücke.

Idee Nr. 3:
Erklärungen und Beispiele wirken mehr als lediglches Aufzählen.
Christine zeigte den reibungslosen Umbau am Beispiel einer neuen Mitarbeiterin, die in das vorhandene Büro integriert werden sollte. Auf Grund dieser Problemstellung konnte sich jeder genau in die Situation eindenken und Christine demonstrierte das ganze an dem Modell des Minibüros.

Idee Nr. 4:
Vorführungen oder Demonstrationen bleiben besser haften.
Christine sprach nicht nur darüber, dass die Tischplatte weg zu ziehen sei, sondern sie zeigte es auch am Schluss, indem sie die Tischplatte wegzog und die Kabel der Rechenmaschinen und des PCs in Sekundenschnelle in das dazugehörige Kabelschachtsystem verlegte.

Idee Nr. 5:
Metaphern und Analogien helfen den Menschen, die Dinge leichter zu verstehen.

Christine war bewusst, dass sie mit Metaphern und Analogien leichter von bekannten in unbekannte Bereiche vordringen konnte. Anstatt nur zu sagen: „Sie können bei den Stühlen und Tischen die Höhe variieren", sagte sie, um die Menschen besser in die Gefühlswelt bekannter Bereiche einzubinden: „Ähnlich wie in einem Auto, bei dem sich sowohl der Sitz als auch das Lenkrad in Höhe und Neigung auf den einzelnen Fahrer einrichten lassen, so lassen sich auch bei unserem System Tischhöhe und Sitzhöhe genauso einfach und flexibel verstellen".

Idee Nr. 6:
Eine Statistik oder so genannte Expertenzeugnisse sind wichtige Beweise.

Christine wusste, dass sogenannte Expertenzeugnisse wie zum Beispiel Aussagen des TÜVs (Technischer Überwachungsverein), von Interessengemeinschaften oder Kommissionen einen hohen Wert darstellen. So war es für sie selbstverständlich, dass sie verschiedene Aussagen dieser Organisationen mit in ihre Präsentation eingebaut hatte. Eine rundum gute Möglichkeit, um Aussagen noch mehr zu unterstreichen und damit Wirkung und Eindruck zu hinterlassen.

Eindrucksvoll war ihr eine Szene in einem Lebensmittelmarkt in Erinnerung, als ein Verkäufer einen Kunden davon überzeugen wollte, einen hochwertigen Sekt statt eines Billig-Produktes, das für 1,99 Euro angeboten wurde, zu kaufen. Reden allein half da wenig. Schließlich schaltete sich der Geschäftsführer des Supermarktes ein. Er visualisierte den Unterschied nach einer speziellen Fragenreihenfolge.

Der Geschäftsführer hatte damals folgendermaßen argumentiert: „Wissen Sie, wie viel Mehrwertsteuer in diesem Preis enthalten ist, wenn wir den Steuersatz von 16 % zu Grunde legen? Die Mehrwertsteuer beträgt 0,27 Euro. Verbleiben 1,72 Euro. Wie hoch sind schätzungsweise die Kosten und der Gewinn für den Händler? Ungefähr 8 %, also circa 0,14 Euro. Verbleiben 1,58 Euro. Und wie hoch sind die Kosten für den Großhändler? Noch einmal 8 % – also circa 0,12 Euro. Jetzt liegen wir bei 1,36 Euro."

So stellte der Supermarktgeschäftsführer dem Kunden weitere nachvollziehbare Fragen zur Kostensituation bei der Logistik, zum Korkeneinkauf, zur Anschaffung von Korkenhalterungen, Stanniolfolie, Verpackung, Etikett, Flasche, zu den Werbekosten und Lohnkosten des Herstellers und zu den Fixkosten des Herstellers ...

Mit jeder Frage wurde der Restwert, der den Einkaufspreis des Sekts beschreiben sollte, immer kleiner. Irgendwann war der Geschäftsführer mit seiner Rechenweise bei einem Wert von 1,06 Euro angelangt.

Schließlich verwies er auch noch auf die Sektsteuer in Deutschland, die pro Flasche – unabhängig vom Verkaufspreis – bei 1,02 Euro liegt. Der Geschäftsführer war bei einem „Wert" von 0,04 Euro angelangt!

Der Kunde war jetzt sehr einfach zu überzeugen, „was Gescheites" zu kaufen. Weil er von den Vorteilen der höheren Qualität überzeugt war.

Bei Christines Präsentation ging es irgendwie ja auch um Sekt oder Selters. Da war keine Anstrengung zu viel. Sie hatte sich lange überlegt, ob sie zum Ende ihrer Präsentation hin eher vorsichtig an die Sache herangehen sollte – nach dem Motto „ich hab' da vielleicht noch eine gute Idee" – oder ob sie „in die Vollen gehen" und wirklich alles präsentieren sollte, was sie hatte – bis hin zur letzten verrückten Idee?

Sie war zu der Meinung gelangt, dass, wer etwas Großes verkaufen will, etwas noch Größeres dazustellen muss. Oder anders gesagt: Wer etwas Großes präsentieren will, muss etwas noch Größeres mit vorstellen.

Sie selbst hatte das beim Einkaufen immer wieder sehr deutlich an sich beobachtet. Wenn sie die Wahl zwischen drei Weinen unterschiedlicher Güte hatte, die für sie in Frage kamen, kaufte sie meist den Wein der mittleren Preislage. Gemäß dem Motto: Der Teuerste muss es ja nicht sein, aber das Billigste nehme ich auch nicht, denn der taugt wohl nicht viel – selbst wenn das nicht immer stimmt.

Bei Gesprächen mit Außendienstlern ihrer Firma hatte Christine festgestellt, dass diese Verhaltensweise Grundlage eines speziellen Verkaufssystems war. Der Außendienst hatte teurere Zusatzangebote entwickelt, die zwar nicht angenommen wurden, aber zugleich die Kaufbereitschaft für die günstigeren Varianten enorm erhöhten.

Wohl aus dem selben Grund existierte gegenwärtig auch noch eine Produktlinie, die sich aufgrund ihres hohen Preises kaum verkaufte und die bei der letzten Sitzung schon längst aus den Preislisten hätte herausgestrichen werden sollen. Die Verkäufer hatten dann allerdings dagegen vehement protestiert, so dass diese teuere Linie vorerst in den Preislisten und Prospekten verblieb.

Mehrmals hatte Christine damals nachgefragt, warum eine so teure und kaum verkäufliche Produktlinie denn unbedingt mit angeboten werden musste.

Die Antwort der Vertriebsmitarbeiter war so überzeugend wie einfach gewesen: „Eben, weil sie so teuer ist und sie von keinem gekauft wird, wollen wir sie unbedingt drin haben. Wenn wir ein sehr, sehr teures Produkt neben anderen Produktlinien anbieten, die möglicherweise auch noch in einem sehr gehobenen Preissegment liegen, dann lösen wir damit fast immer folgende Reaktion beim Kunden aus: ‚Die eine Linie ist ja viel zu teuer. Würden wir uns nie kaufen. Dann nehmen wir lieber die etwas günstigere‘.

Zum Schluss fasste Christine noch einmal die wichtigsten Punkte ihrer Präsentation zusammen und überreichte jedem Teilnehmer eine kleine Mappe mit den wichtigsten Inhalten. Alle lehnten sich entspannt zurück und dachten, das war's. Dann bat Christine noch einmal um Aufmerksamkeit – und enthüllte die bisher unter einem Tuch verborgenen Schaustücke ihrer neuen Reihe. Ein Ah und Oh ging durch ihr Publikum, alle scharrten sich um die neuen Möbel – sie waren komplett aus poliertem Ahorn und funkelten im Licht der Scheinwerfer. Christine merkte, dass die Teilnehmer gleichzeitig hingerissen und verwirrt waren – so ein edles Holz, das musste doch wahnsinnig viel kosten? Fast ehrfürchtig berührten sie die Schaustücke, ließen ihre Finger sanft über das wertvolle Holz gleiten.

Lächelnd löste Christine das Geheimnis: „Die Ausführung in Vollholz bieten wir auf Wunsch ganz speziellen Kunden.

Die Profi-Linie wird aber natürlich in einer weit kostengünstigeren Ausführung angeboten, mit schönen, aber auch praktischen Furnieren. Die Funktionsweise wird allerdings genauso edel sein wie bei diesem Sondermodell hier."

Die Begeisterung war groß. Die Teilnehmer gratulierten ihr für den großen Wurf.

Christine schloss ihre Präsentation mit folgenden Worten ab: „Sehr geehrte Damen und Herren, mit dieser Linie werden wir die Innovationskraft, das Image und natürlich den Umsatz des Unternehmens Office weiter ausbauen und unsere Kunden noch mehr begeistern."

Kräftiger Applaus war die Antwort. Christine hatte auf der ganzen Linie überzeugt.

Ihre Augen leuchteten noch, als sie abends Kai von ihrem Triumph erzählte. Zusammengekuschelt auf dem Sofa ließ sie den Vormittag noch einmal wie einen Film ablaufen, erlebte das Herzklopfen, die gespannte Aufmerksamkeit, ließ noch einmal ihre Argumentationskette Revue passieren, und erzählte vom Lob, das ihr Friedhelm gezollt hatte: „Mit jungen Kollegen wie Ihnen ist mir um die Zukunft von Office nicht bange. Das war der Beginn einer großen Ära. Ich gratuliere."

Checkliste zum 7. Kapitel: Von offenen Schubladen, Un-Worten und Fallen ...

1. Präsentieren Sie Ideen so unwiderstehlich, dass jeder davon überzeugt ist.

2. Tragen Sie Argumente nicht nur vor, sondern visualisieren Sie diese mit Hilfe von Bildern.

3. Vermeiden Sie Un-Worte, Leerformeln und Worthülsen wie *eigentlich, man, kompliziert, klein, Kosten, Problem* usw.

4. Kontrollieren Sie Ihre Körperhaltung: Achten Sie darauf, dass Sie aufrecht stehen, die Arme nicht verschränken oder durch andere Gesten einen verschlossenen Eindruck machen.

5. Zeigen Sie durch regelmäßigen Blickkontakt mit dem Publikum, dass Sie alle anwesenden Personen direkt ansprechen. Schauen Sie zumindest einige freundliche Gesichter immer wieder an, um sich zu stärken.

6. Menschen wollen von Emotionen hören, nicht von Dingen.

7. Das Einbinden der Zuhörer gehört zur zentralen Strategie einer Präsentation. Fädeln Sie geschickt Fragen in Ihren Vortrag ein, um das Publikum einzubeziehen.

Z.B.: Was sind denn die Erwartungen, die Ihr Unternehmen an diese Produkte stellt?

8. Beherzigen Sie die „Schlüsselwortpräsentation“: Argumente können – unabhängig von ihrer Qualität – nur dann wirksam werden, wenn es Argumente sind, die den Bedarf der betroffenen Menschen auch decken.

9. Es darf aber auch nicht so aussehen, als ob Sie nur Punkte aufgreifen, die aus dem Publikum kommen. Sie müssen auch zeigen, dass Sie sich selbst Gedanken gemacht haben.

10. Die Aufmerksamkeit der Zuhörer lässt sich schon dadurch steigern, dass man eine vertiefte Darstellung eines kurz angerissenen Themas andeutet. Unerledigte oder nicht abgeschlossene Handlungen bleiben wesentlich besser in Erinnerung als erledigte.

11. Begründen Sie, bevor Sie etwas sagen (und damit Ihr Gegenüber vielleicht zu einem Widerspruch bewegen) – anstatt zuerst Aussagen zu treffen und sie dann zu begründen.

12. Eigenschaften allein überzeugen niemals. Neben den Eigenschaften Ihres Produkts müssen Sie deshalb noch einmal den Nutzen und den Beweis des Nutzens darstellen.

13. Übernehmen Sie bei einer Argumentation die Führung:

    1. Wer fragt, führt – wer also zum Beispiel die richtigen Keyword-Fragen stellt, führt die Diskussion.
    2. Begründen: Wer begründet, überzeugt.
    3. Beweisen: Der Beweis bewirkt schließlich die Glaubwürdigkeit der Aussage.

14. Visualisieren Sie die vorgetragenen Beweise zum Beispiel an einer großen Pinwand mit Hilfe von beschrifteten farbigen Kärtchen.

15. Wer etwas Großes verkaufen will, muss etwas noch Größeres dazustellen. Dadurch erhöht sich die Kaufbereitschaft für die günstigere Variante.

16. Fassen Sie am Schluss die wichtigsten Punkte Ihrer Präsentation zusammen und übereichen Sie jedem Teilnehmer eine kleine Mappe mit den wichtigsten Inhalten.

8. Kapitel:

Gegenleistungen geschickt gewinnen

„Leider läuft nicht alles immer so glatt, wie wir uns das wünschen", nahm Jan den Faden von Christines Geschichte bei dem nächsten Treffen mit Julia wieder auf. „Auch Christine musste das mehrfach erleben. Entscheidend aber ist wohl, dass wir uns von solchen Schwierigkeiten nicht einfach aus der Bahn werfen lassen. Lass mich dir an Christines Beispiel verdeutlichen, wie wir zum Beispiel Gegenleistungen geschickt gewinnen können …" fuhr Jan fort.

Bei der Präsentation hatte Christine überzeugt – und alle für sich und ihre Möbellinie begeistern können. Die nächsten Tage „schwebte" sie förmlich durchs Büro. Und sie genoss es, dass die Kollegen und Kolleginnen sich mit ihr freuten. „Prima", riefen sie ihr zu, wenn sie ihnen auf dem Weg in die Kantine begegnete. „Du bist Klasse", schwärmte Veronika, ganz ohne Neid. Alfredo schickte einen großen Blumenstrauß und Emil freute sich ehrlich, als sie von ihrem gelungenen Auftritt berichtete und sich noch einmal bedankte. Ach, das Leben war schön.

Bis ihr Hochgefühl einen tüchtigen Dämpfer bekam. Denn dass das Projekt noch lange nicht über den Berg war, merkte sie schon wenige Tage später. Die niederschmetternde

Nachricht aus der Geschäftsführung lautete: „Die für die innovative Möbellinie benötigten Teile sind leider auch in der Furnier-Holz-Ausführung viel zu teuer. Deshalb kann die Serie nicht realisiert werden". Lapidar, per e-mail kam die Botschaft.

Christine war am Boden zerstört. Sie fiel aus ihrem Glückshimmel ziemlich hart zurück zu Erde. Kai erschrak, als sie ihn schluchzend anrief. „Was ist denn passiert?"

„Es war alles umsonst, die ganze Anstrengung, alles für die Katz! Sie wollen meine Möbel nicht bauen!"

Erst langsam konnte sie sich wieder beruhigen und sich trösten lassen: „Warte doch erst einmal ab, schmeiß die Flinte nicht gleich ins Korn. Da muss doch was zu machen sein! Sprich doch mal mit dem Friedhelm."

Christine saß niedergeschlagen an ihrem Schreibtisch und legte einen Ordner mit allen Unterlagen der Präsentation an. Am liebsten würde sie das ganze Zeug aus dem Fenster werfen, oder schreddern! Jawohl, das wär's. Ihre Phantasie blühte, Seite für Seite in Konfetti verwandeln, haha! Und dann mit großem Abgang das Büro verlassen. Sollten sie doch sehen, wo sie mit ihren blöden Möbeln bleiben würden.

Der Vormittag verging mit solchen düsteren Plänen. Sie kritzelte wilde Figuren auf ihre Schreibtischunterlage und brütete vor sich hin. Aber nach und nach kam ihr Kampfeswille zurück. Sie würde nicht aufgeben, das wäre ja noch schöner! Sie ging in den Waschraum und ließ sich eiskaltes Wasser über den Puls laufen, putzte sich kräftig die Nase und schüttelte alles Dunkle von sich ab.

Christine raffte die Schultern, holte sich einen großen Becher Kaffee aus der Teeküche, warf das schwarz bekritzelte Blatt der Schreibtischunterlage fort und ihr Verstand begann wieder konstruktiv zu arbeiten. Sie überlegte, mit welchen Mitteln sie ihre Vision einer modernen Möbellinie doch noch durchsetzen könnte … Schon nach kurzer Zeit tauchte dabei vor ihrem inneren Auge das Gesicht des Einkaufschefs auf – Hans Möller, der für die Firma schon viele Verhandlungen zu einem erfolgreichen Abschluss geführt hatte. Der musste doch helfen können!

Christine erwischte Hans Möller direkt am Telefon: „Haben Sie ein paar Minuten Zeit für mich? Ja? Ich komme schnell vorbei." Sie nahm zwei Stufen auf einmal, als sie die Treppe zum dritten Stock hinauflief. Nachdem sie ihm kurz ihre Situation geschildert hatte, überlegte der sympathische Mittvierziger kurz, besah sich ihre Unterlagen und nickte dann entschlossen mit dem Kopf.

„Lassen Sie uns gemeinsam zu diesem Zulieferer fahren und über die Einkaufspreise der Spezialteile verhandeln. Ihr Charme und meine Erfahrung – das müsste doch zu schaffen sein. Um wie viel müssen die Einkaufspreise für diese Teile, die Sie benötigen, denn nach unten korrigiert werden, Frau Kollegin?"

„Die von der Produktion haben mir gesagt, dass die Preise, die ich mir für meine Präsentation eingeholt habe, um rund zwölf Prozent zu hoch seien. Allerdings muss ich sagen, dass ich auf Grund der Kürze der Zeit noch nicht mit Nachdruck darüber verhandelt habe …"

„Das war zwar schlecht für die Präsentationskalkulation – ist andererseits aber gut für unsere jetzige Verhandlungsposition.“

„Wieso?“

„Nun, schlecht deshalb, weil Sie die preislichen Möglichkeiten sicher nicht ausgereizt haben. Die Lieferanten denken sowieso immer, dass sie zu teuer sind, aber versuchen erst einmal den höheren Preis zu bekommen. Gut deshalb, weil unser Zulieferer jetzt bestimmt schon darauf wartet, dass wir über diesen Preis noch einmal sprechen wollen – und genau das werden wir beiden jetzt auch tun. Holen Sie mich heute Nachmittag ab, dann fahren wir zusammen nach Hemmersheim und besuchen den Herrn Klein – das ist der Vertriebschef unseres Platten- und Seitenteillieferanten.“

Christine hatte gerade noch Zeit, Kai eine schnelle Nachricht auf seine Mailbox zu sprechen und einen Happen in der Kantine zu essen, und schon saß sie im schwarzen Volvo des Einkaufschefs. Auf der Fahrt nach Hemmersheim erklärte Möller Christine dann eines der wichtigsten Grundprinzipien erfolgreicher Ein- und Verkäufer:

„Niemals das erste Angebot annehmen – nicht nur im arabischen Bazar, auch in unserem Kulturkreis gehen wir im geschäftlichen Bereich immer davon aus, dass Preise verhandelt werden. Geschieht das nicht, so wie bei Ihnen auf Grund der Zeitknappheit, löst das beim jeweiligen Gegenüber ein ungutes Gefühl aus.

Der Vertriebschef unseres Lieferanten wusste deshalb sofort, um was es geht, als ich ihn nach unserem Gespräch um einen Termin bat. Der überlegt sich jetzt gerade wahrscheinlich schon, wie weit er uns preislich entgegen kommen kann! Als gerecht oder korrekt wird übrigens häufig ein Preis empfunden, der ungefähr in der Mitte zwischen den beiden Verhandlungsangeboten von Verkäufer- und Käuferseite liegt. Also gilt es vorher schon, die richtige Ausgangslage zu schaffen.“

Christine hörte dankbar zu. Eins habe ich zumindest gelernt, dachte sie zwischendurch, wenn Möller sich auf den Verkehr konzentrieren musste: Ich muss nicht alles alleine können. Das nächste Mal hole ich mir von Anfang an den Rat von Fachleuten ein.

Möller fuhr fort: „Das Interessante an solchen Verhandlungen: Wird ein Angebot ohne weiteres angenommen, kommt sich der Anbieter übertölpelt vor – und wird beim nächsten Mal einen im Verhältnis wesentlich höheren Preis fordern. Umgekehrt kommt aber auch beim Einkäufer ein ungutes Gefühl auf, wenn auf ein sehr niedriges Gegenangebot sofort eingegangen wird.

In beiden Fällen muss ja der jeweilige Verhandlungsführer davon ausgehen, dass noch wesentlich mehr ‚drin gewesen wäre‘. Und zu einem späteren Zeitpunkt entsprechende Konsequenzen daraus ziehen! Von daher ist es auch durchaus in unserem Gesamtfirmeninteresse, wenn wir jetzt noch ein weiteres Preisgespräch mit unserem Lieferanten führen. Sonst müssen wir uns künftig auf ein verändertes Angebotsverhalten einstellen – verstehen Sie? Da gilt dann: ‚Wer nicht handelt, handelt sich was ein‘!“ schloss Möller.

In der Tat: Herr Klein, der Vertriebschef des Zulieferunternehmens war bestens auf das Gespräch vorbereitet – und auch durchaus zu einem Entgegenkommen bereit. Dass das

Gespräch dann trotzdem nicht ganz geradlinig verlief, erklärte Möller im Anschluss an die Verhandlung mit den folgenden Worten:

„Der Klein ist gut – und erfolgreich. Und ein Kernsatz des erfolgreichen Verkäufers lautet: Kein Zugeständnis ohne Gegenleistung. Klein weiß ganz genau: Wer einem Kunden im Preis entgegen kommt, sollte zugleich seine Leistung reduzieren, sonst verliert sein Unternehmen an Glaubwürdigkeit. Klein ist eben ein alter Fuchs in Sachen Verkauf, der würde niemals einfach so beim Preis nachgeben."

Tatsächlich war Klein ihnen zwar im Preis entgegen gekommen – hatte aber die letzte Oberflächenbehandlung aus dem angebotenen Leistungspaket herausgenommen. Möller ging darauf allerdings vorerst gar nicht ein, sondern verhandelte einfach weiter über den Endpreis. Wie ein Hase „knabberte" er alle möglichen Leistungsbereiche an, und setzte dort niedrigere Herstellerentgelte an. Er band Klein in den Gesamtprozess ein, indem er ihm in Aussicht stellte, seinen Namen auch in der Endverbraucherwerbung zu nennen. Außerdem stellte er die Frage, wie ihm Klein dabei helfen könne, das Projekt doch noch zu realisieren.

„Alles bewährte Verkäufertricks", so Möller später zu Christine, „sowohl das sogenannte ‚Nagen', aber auch das ‚Einbinden' des Gesprächspartners in das Projekt gemäß dem Motto ‚Wir ziehen doch alle an einem Strang' und auch die ‚Bitte um Hilfe'!"

Klein wiederum setzte die Strategie des ‚Prinzip der höheren Instanz' ein. Er stimmte Möller also prinzipiell zu, verwies aber dann zugleich darauf, dass er erst noch die Zustimmung seines Vorgesetzten dazu einholen müsse.

„Dann hätte er uns einen Tag später anrufen können", so Möller in seiner späteren Analyse des Gesprächs, „um uns zu sagen, dass die Geschäftsleitung einem so deutlichen Preisnachlass doch nicht zugestimmt hätte. Dem habe ich aber vorgebeugt, indem ich ihm gegenüber die Strategie des ‚Alternativen schaffen'-Prinzips eingesetzt habe – also ihm alternativ zu unserer zuerst erhobenen Forderung sofort eine Alternative vorgestellt habe, die ihn im Endeffekt sogar noch teurer gekommen wäre! In so einem Fall wird jeder Verhandlungspartner logischerweise die günstigere von zwei Alternativen wählen! Das hat ihn dann wohl auch dazu veranlasst, auf weitere Winkelzüge zu verzichten, weil er gesehen hat, dass es uns mit unserer Forderung sehr, sehr ernst ist."

Schließlich einigten sich Möller und Klein nach einigem hin und her auf einen Preis, der rund 12,3 % unter dem zuerst genannten lag. Jetzt war Christine an der Reihe, die sich bis zu diesem Zeitpunkt – wie mit Möller vereinbart – fast vollständig aus der Verhandlung herausgehalten hatte. Sie brachte jetzt mit entsprechendem weiblichem Charme das ein, was Möller ihr auf der Herfahrt als Prinzip der „nachgeschobenen Forderung" folgendermaßen beschrieben hatte:

„Wenn Sie bereits eine gute Gesprächsposition erreicht haben, aber noch einen dicken Pluspunkt auf dem eigenen Verhandlungskonto erzielen wollen, dann sollten Sie Folgendes tun… Zuerst schaffen Sie eine Abschlussatmosphäre, indem Sie zum Beispiel einen Satz sagen, wie: ‚Schön, dass wir jetzt zu einer Lösung gelangt sind' – oder so ähnlich. Vielleicht lassen Sie bei einem großen Auftrag sogar eine Flasche Sekt servieren – oder legen zumindest einen kurzen

Moment der Besinnung ein. Wichtig ist in jedem Fall, dass sie erst jetzt – und keinen Augenblick früher – eine weitere, nämlich Ihre Schlussforderung präsentieren. Und zwar so präsentieren, als ob es für Sie selbstverständlich wäre, dass diese Schlussforderung ein Bestandteil des bereits Besprochenen sei – und nicht mehr in Zweifel gezogen werden dürfe! Kaum ein Verhandlungspartner wird in so einem Moment noch widersprechen!"

Wie vereinbart, ließ also Christine zuerst einige Zehntelsekunden vergehen, setze ihr strahlendstes Lächeln auf und sagte dann: „Schön, dass wir doch noch zu einer Einigung gelangt sind, so dass wir das Projekt bei uns weiter vorantreiben können. Ich gehe doch recht in der Annahme, dass es sich bei diesem letzten Preis um einen Endpreis handelt, dass in diesem Preis also auch noch die letzte Oberflächenbehandlung mit enthalten ist!?"

Schweigen. Klein sagte kein Wort. Sekunden vergingen – und dehnten sich zu endlosen Momenten. Normalerweise hätte Christine ein solches Schweigen kaum ausgehalten, hätte ihren verbalen Vorstoß wohl umgehend wieder zurückgenommen. Doch einerseits erinnerte sie sich an ihre guten Erfahrungen mit ihrem Kostümkauf und andererseits hatte Möller sie vorgewarnt: „Lassen Sie sich bitte von diesem alten Fuchs, dem Herrn Klein, nicht aufs Glatteis führen. Der weiß, dass die meisten Menschen ein Schweigen nicht aushalten können – und darauf mit einem Verhandlungsrückzug reagieren. Sie müssen also ein Schweigen in einer schwierigen Verhandlungssituation unbedingt ertragen können!"

Christine biss innerlich auf die Zähne, lächelte Klein fröhlich an – und schwieg auch. Es fiel ihr nicht leicht, aber sie erinnerte sich an eine Untersuchung, die sie einmal gelesen hatte:

Wissenschaftler haben einmal herausgefunden, dass Frauen Redepausen wesentlich kürzer aushalten können als Männer. Während eine Frau schon nach ca. 30 Sekunden das Gefühl hat, jetzt unbedingt das belastende Schweigen zu brechen und etwas sagen zu müssen, können die meisten Männer die Redepause fast doppelt so lange gut aushalten. „Da halte ich mit", dachte sie, „und wenn ich meine Zunge verschlucken muss."

Schließlich, für Christine nach endlosen Minuten, gab Klein nach – Christines Herz macht einen kleinen Hüpfer – und sagte, jetzt ebenfalls lächelnd: „Selbstverständlich ist die letzte Oberflächenbehandlung in diesem Preis mit enthalten."

Als sie sich verabschiedeten, zwinkerte Klein Christine anerkennend zu und meinte: „Ich freue mich auf viele gute Geschäfte mit Ihnen. Auch wenn Sie ein verdammt harter Brocken sind. Da sind Sie beim Möller wohl in eine gute Schule gegangen, dem alten Gauner." Und damit knuffte er seinem Geschäftspartner freundlich in die Seite.

Christine hatte gemeinsam mit Möller ihr Ziel erreicht. Die Kalkulation konnte korrigiert werden – der Businessplan für „ihre" Produktlinie ließ sich wieder auf solide Füße stellen! Dem Erfolg stand nun nichts mehr im Weg.

Checkliste zum 8. Kapitel: Von Füchsen und Nagern

1. Niemals das erste Angebot annehmen – in unserem Kulturkreis gehen wir, zumindest im geschäftlichen Bereich, davon aus, dass Preise verhandelt werden.

2. Als gerecht oder korrekt wird ein Preis empfunden, der ungefähr in der Mitte zwischen den beiden Verhandlungsangeboten von Verkäufer- und Käuferseite liegt.

3. Der Kernsatz eines erfolgreichen Verkäufers lautet: Kein Zugeständnis ohne Gegenleistung. Wer dem Kunden im Preis entgegenkommt, sollte zugleich seine Leistung reduzieren, sonst verliert sein Unternehmen an Glaubwürdigkeit.

4. Binden Sie den Gesprächspartner in den Gesamtprozess ein.

5. Achten Sie auf das „Prinzip der höheren Instanz“. Wenn Ihr Gesprächspartner die Zustimmung seines Vorgesetzten einholen muss, dann schaffen Sie Alternativen, die im Endeffekt noch teurer kommen würden. Jeder Verhandlungspartner wird logischerweise die günstigere von zwei Alternativen wählen.

6. Schaffen Sie eine Abschlussatmosphäre und präsentieren Sie erst dann – auf keinen Fall einen Augenblick früher – Ihre Schlussforderung. Und zwar so, als ob diese Schlussforderung ein Bestandteil des bereits Besprochenen sei und nicht mehr in Zweifel gezogen werden dürfe. Kaum ein Verhandlungspartner wird in so einem Moment noch widersprechen.

9. Kapitel:

Hochzeit mit Herz und Heike

Bei einem der nächsten Treffen mit Jan stellte Julia auch einige Fragen zu Christines Privatleben, über das sie, ihrer Meinung nach, noch nicht allzu viel wusste. „Ich kann das verstehen", sagte Jan, „dass du nach Christines Privatleben fragst. Denn Berufs- und Privatleben sind oft gar nicht so einfach zu trennen. Außerdem können wir im Privatleben wichtige Erkenntnisse für unsere tägliche berufliche Praxis gewinnen. An Christines Beispiel wird das auch wieder sehr deutlich. Lass mich dir dazu eine kleine Geschichte erzählen, was für Erfahrungen eine Freundin von Christine mit der Hochzeit einer Kollegin machte ..."

Als das Handy klingelte, saß Christine beim Mittagessen in ihrem Lieblingsrestaurant. Es war Samstagmittag, sie hatte gerade einen kleinen Einkaufsbummel unternommen und würde sich am Nachmittag mit Kai im Englischen Garten treffen. Am Abend würden sie tanzen gehen und dann einen herrlich faulen Sonntag miteinander verbringen. Gerade wurde ihr Dessert serviert: Frische Erdbeeren mit geschrotetem grünen Pfeffer. Christine war dafür bekannt, die Dinge immer etwas anders und ganz besonders zu genießen.

„Heike“ leuchtete auf dem Display ihres Handys. Seufzend legte Christine den Löffel zur Seite. „Hallo Heike!“, begrüßte sie ihre Freundin: „Du, ich sitze gerade beim Essen. Kannst du mich in einer halben Stunde noch mal anrufen? Oder warte, ich rufe dich zurück, wenn ich zu Hause bin. Also bis gleich.“

„Was gibt‘s Neues?“ begrüßte sie wenig später die Freundin. „Ich bin zu einer Hochzeit eingeladen“, verkündete Heike mit betrübter Stimme.

„Wo ist das Problem?“, konterte Christine amüsiert: „Ist es deine eigene?“

„Das nicht“, lachte Heike, „aber ich soll eine Hochzeitsrede für eine Kollegin halten und mir fehlt einfach die zündende Idee.“

„Stimmt, das ist nicht einfach, wenn es keine dieser Null-Acht-Fünfzehn-Reden sein soll, nach dem Motto: Einleitung, Herzlich Willkommen, schön dass ich heute hier sein darf; Hauptteil, die Ehe ist ein ganz besonderes Gut, blablabla; Schlussteil, deshalb wünschen wir uns allen noch ganz besonders viel Spaß. Prost Hochzeitspaar“, bestätigte Christine.

„Du bist doch für geniale Einfälle bekannt. Hast du nicht einen guten Tipp für mich?“, flehte Heike: „Alles, was ich mir bisher ausgedacht habe, ist dieses Luftballonspiel. Das kennst du sicher. Jeder Hochzeitsgast bekommt einen Luftballon und eine Karte. Auf die Karte schreibt der Gast einen Wunsch, den er dem Hochzeitspaar erfüllen möchte. Jeder Luftballon wird dann aufgeblasen, mit einer Schnur versehen und die Karte drangehängt. Das Brautpaar erhält einen ganzen Strauß bunter Ballons und die Hochzeitsgesellschaft lässt – mit ein paar passenden Worten – die Ballons fliegen. Der Clou ist, dass die Finder der frankierten Karten diese wieder an das Hochzeitspaar zurück schicken und sich das den notierten Wunsch dann von den entsprechenden Gästen erfüllen lassen darf."

„Das ist doch schon mal ein Anfang", ermutigte Christine ihre Freundin, „daraus lässt sich bestimmt etwas machen. Lass mich mal kurz nachdenken." Beide schwiegen.

„Ja, warum eigentlich nicht. Der Luftballon – das ist doch der richtige Einstieg", meinte Christine nach einigen Sekunden Bedenkzeit. „Heike, schreib bitte auf, was uns spontan zum Weg eines Luftballons einfällt."

„Hä? Wenn du meinst", murmelte Heike verständnislos.

„Denk doch mal nach: Du hast dir doch sicher überlegt, wohin du gehst, um Luftballons zu kaufen. Im Geschäft hast du dann aus den verschiedensten Packungen eine ausgesucht. Es sollten ja schöne, am besten die schönsten Luftballons sein. Du hast sie bezahlt und mit nach Hause genommen. Du hast einen aus der Packung genommen und ihn ausprobiert. Du hast ihn aufgepustet – so voll wie möglich, aber nicht so sehr, dass er platzt. Du hast überlegt, was du auf die Karte schreiben möchtest, du hast Karte und Ballon verbunden und bei der Hochzeit wirst du beide fliegen lassen."

„Ist ja richtig", sagte Heike am anderen Ende der Leitung, „aber was hat das mit meiner Rede zu tun?"

„Das war gerade deine Rede", erklärte Christine. „Lass uns aus der Geschichte mit den Luftballons doch eine Metapher zum gemeinsamen Lebensweg deines Hochzeitspaares machen. Ich meine: Wir ziehen einen Vergleich, eine Analogie, zwischen Luftballon und Ehe und stellen das wiederum bildhaft als Metapher dar – alles klar?“

„Noch nicht wirklich“, meinte Heike.

„Warte, um Dir das zu erklären, spreche ich jetzt einfach mal wie mein ehemaliger Chef, wenn er von Analogien und Metaphern dozierte“, sagte Christine: *„Analogien helfen dabei, anderen etwas beizubringen, ohne als Oberlehrer dazustehen. Mit einer Analogie kannst du jemandem etwas Unbekanntes beschreiben, indem du etwas Bekanntes darstellst.“*

„Und Metaphern kenne ich aus der Bibel“, murmelte Heike, „das Gleichnis vom verlorenen Sohn beispielsweise. Oder wie war das mit dem Wasser zu Wein? Und der Speisung der 5000 mit fünf Fischen und fünf Broten, oder so?“ Heike wurde jetzt richtig lebhaft.

„Genau, schon die Propheten wussten, dass Bilder eine große Wirkung auf Menschen haben. Ich habe kürzlich gelesen, dass Metaphern 80 Prozent unseres Nervensystems im Gehirn aktivieren, während bei analytischem, bewussten Denken nur 7 Prozent erreicht werden. Um mit meinem früheren Chef zu sprechen: *Metaphern führen zu bleibenden Aha-Erlebnissen in emotionalen und nicht-bewussten Bereichen.* Aber nicht nur die Bibel, ausnahmslos alle Weisheitsbücher der Menschheit, die über Jahrtausende aktuell geblieben sind, transportieren ihre Aussagen in erster Linie über Gleichnisse.

Und auch ausnahmslos alle großen Redner benutzen in erster Linie die Überzeugungswirkung von Gleichnissen. Kein

Wunder, denn Gleichnisse sichern neben einem hohen Aufmerksamkeits- und Unterhaltungswert auch höchste Behaltenswerte.

Gleichnisse sind der Inbegriff effizienten Lernens: Lernen ist der kreative Prozess, einen unbekannten Sachverhalt in Beziehung zu einem bekannten Sachverhalt zu setzen. Metaphern erlauben, komplexe Sachverhalte allgemein verständlich zu illustrieren, ohne Tiefgang zu verlieren."

Christine war in ihren Gedanken schon bei der Hochzeitsrede.

„Wie heißt dein Brautpaar mit Vornamen?", fragte sie Heike.

„Claudia und Stefan."

„Gut. Und wen kennst du länger und besser?"

„Claudia, ich arbeite seit fünf Jahren mit ihr zusammen im gleichen Büro. Als wir vor einigen Jahren zusammen im Café Luitpold waren, hat sie Stefan kennen gelernt."

„Okay. So in etwa könnte sich deine Rede aufbauen: ‚Liebe Hochzeitsgesellschaft, heute hab ich Ihnen eine Geschichte mitgebracht, eine Geschichte von Luftballons und zwei liebenden Menschen, Claudia und Stefan. Mit dieser Geschichte möchte ich nochmals unsere besten Wünsche für das Brautpaar ausdrücken. Für unser Spiel wollte ich Luftballons kaufen und überlegte erst einmal, wo es die heutzutage noch gibt? Wissen Sie, wo es die besten Luftballons gibt?

Vor vielen Jahren waren es keine Luftballons, sondern die nettesten Jungs, die Claudia und ich gemeinsam suchten.

Und da man die bekanntlich nicht in einem Geschäft kaufen kann, haben wir gemeinsam überlegt, wo wir abends hingehen könnten, um uns mal umzuschauen. Wir sind damals oft ins Café Luitpold gegangen; wie wir heute wissen, liebe Claudia, eine goldrichtige Entscheidung.

Meine Luftballons habe ich schließlich in einem Schreibwarengeschäft gefunden, das ich noch aus meinen Kindertagen kenne, in dem ich früher neben meinen Heften nach der Schule Abziehbilder und Sammelfotos gekauft habe. Es sieht heute natürlich ganz anders aus, größer und moderner. Da ich ja genau wusste, was ich wollte, bin ich reingegangen und habe die Verkäuferin nach den schönsten Ballons im ganzen Geschäft gefragt. Sie hat mir einige gezeigt und die Entscheidung fiel mir nicht schwer.

Es sind wundervolle Luftballons und ich bin richtig stolz drauf, sie gefunden zu haben. Denn sie passen genau zum heutigen Anlass: große, rote Herzen. Ich weiß, ich habe nicht alle anderen Luftballons in allen anderen Läden gesehen, aber ich wusste dennoch, die sind es – und genauso hatte ich bei dir, liebe Claudia, das Gefühl, als wir eines Tages im Café Luitpold waren, dass du, als du Stefan gesehen hast, wusstest: ‚Der ist es.' Und das, obwohl du ab diesem Zeitpunkt die restlichen Luftballons, sprich die restlichen Männer dieser Welt, gar nicht mehr beachtet hast.

Ich war froh, diese Luftballons gefunden zu haben, und sie waren mir auch ein paar Mark mehr wert. Ich kann mich noch erinnern, wie es dir erging. ‚Stefan ist für mich ein ganz besonders wertvoller Mensch', hast du einmal zu mir gesagt. Und genauso wie ich meine Luftballons, so wolltest auch du ihn so schnell wie möglich für dich haben, und ich kann mich erinnern, wie du zwei Wochen später bei mir angerufen hast und gesagt hast: ‚Heike, weißt du, gestern habe ich den Stefan das erste Mal zu mir eingeladen.' Mit welcher Freude du darüber berichtet hast, über euren wunderschönen Abend und über dieses besondere Gefühl, genau zu spüren, dass er der Richtige ist. Augenblick mal, Heike …"

Christine machte eine kleine Pause, sie zog ihre Strickjacke aus, ihr war ganz heiß geworden bei dem Aufsetzen der Rede. Dann fuhr sie fort:

„Okay, weiter geht's. Es klingt vielleicht seltsam, aber als ich heute morgen diese Luftballons mit einer Gasflasche aufgeblasen habe und sah, wie sie ihre Schönheit so richtig entfalteten, wurde mir erst klar, was Liebe wirklich bedeutet. Für Luftballons ist die Luft oder das Gas wichtig, damit sie sich entfalten, zugleich ist es wichtig, nicht zuviel rein zu pusten, denn sonst würden sie möglicherweise platzen.

Und da wurde mir klar, was es bedeutet, Liebe mit all ihrer Begeisterung und trotzdem mit der richtigen Dosis zu leben und den Menschen, den man liebt, nicht zu sehr zu erdrücken. Ihm aber so viel Kraft zu geben, dass er sich einfach so stark, so weit, so großartig entfalten kann, wie es nur möglich ist.

Es wäre furchtbar, wenn wir mit den uns wichtigsten Menschen ohne die Sensibilität und ohne das Gespür, das Beste für sie zu wollen, umgehen würden. Genauso furchtbar wäre es, wenn wir gerade für diese Menschen nicht das Beste wollten und sie wie halb aufgeblasene Luftballons letztlich verkümmern ließen.

Und das ist etwas, was ich bei euch beiden immer wieder gesehen habe. Wie ihr es geschafft habt, euch auf der einen Seite soviel Liebe wie möglich zu geben, euch soviel Respekt, Zuneigung und Toleranz wie möglich zu zeigen, und wie ihr auf der anderen Seite nie Angst haben musstet, euch selbst oder den anderen dabei zu überfordern.

Heute morgen war es dann Zeit für die besondere Herausforderung – das Zubinden des Ballons. Ich habe mich gefragt, wie viel Luft ich möglicherweise entweichen lassen muss, um einen Knoten machen zu können. Und ich habe mich gefragt, wie ich es dabei schaffe, meinen Finger nicht einzuklemmen.

Manchmal beginnt auch in einer Liebesbeziehung nach kurzer Zeit schon der umgekehrte Weg. Oft habe ich es schon gehört: ‚Die Luft ist bei uns raus'. Ich wünsche euch, dass in eurer Beziehung nie die Luft raus sein wird und dass ihr es immer wieder versteht, die Spannung, die Leidenschaft und die Begeisterung füreinander aufrecht zu erhalten.

Und so wie ich für das Luftballonspiel heute morgen die Schnüre an die Luftballons gebunden habe, so habt ihr euch heute zum Zeichen ewiger Partnerschaft die beiden Ringe angesteckt. Gemeinsam einen Weg zu gehen, einen Weg, wie ihn bald unsere Luftballons gehen werden, wenn wir sie loslassen. Denn ‚lieben' heißt eben auch ‚loslassen', dem anderen die Freiheit der eigenen Entwicklung und gleichzeitig die Sicherheit der Verbundenheit zu geben.

Und so wie wir heute die Luftballons immer paarweise in die Luft lassen, so ist es auch viel schöner, gemeinsam durchs Leben zu gehen. In Momenten, in denen der eine mal weniger Kraft und Auftrieb hat, den anderen als Zugpferd, als Motivator zu nehmen und in Momenten, in denen dem anderen mal die Luft ausgeht, zu helfen, zu ziehen und zu unterstützen.

Und so wie diese Luftballone heute Nachmittag durch die Lüfte und möglicherweise um die halbe Welt reisen, bis sie eines Tages einen Platz für sich gefunden haben, genauso wünsche ich euch, wünschen wir euch, dass ihr nach eurer Lebensreise zusammen eine Stelle findet. Eine Stelle, an der ihr zurückblicken könnt auf all die Höhen und Tiefen, auf all die Sonnenstrahlen und Stürme, auf all die Wolken, die ihr gesehen, auf all die Lichter, die sich in euren Augen gespiegelt haben. Momente des Glücks, Momente der Leidenschaft, Momente der Zweisamkeit. Momente, in denen ihr, egal wie das Wetter und die Stimmungslage auch waren, gesagt habt: Da gehen wir gemeinsam durch!“

„Wunderschön!“, Heike am anderen Ende der Leitung war begeistert. Und Christine, die gedankenversunken ihr Handy an das Ohr hielt, merkte jetzt, dass diese Rede wohl funktionieren könnte.

„Wie hast du das fertig bekommen?“, fragte Heike überwältigt.

„Indem ich einfach einen Gegenstand, in diesem Fall den Luftballon, genommen habe und aus seiner Geschichte, seinen Eigenschaften eine Art Metapher oder Analogie gemacht habe. Statt seelenlose Floskeln runterzubeten, kannst du so einen Anlass bieten, dass dem Paar und seinen Gästen das Herz aufgeht.“

„Stimmt“, bestätigte Heike: „Die Geschichte ist nicht nur schön, sie ist auch einfach ins Gedächtnis zu rufen, weil sie so bildhaft ist. Sonst habe ich für meine Reden immer riesig ausgearbeitete Manuskripte gebraucht. Diesmal werde ich mir einfach den Weg des Luftballons vorstellen und genau wissen, was ich sagen wollte."

„Was meinst du: Kannst du es wirklich für die Hochzeit verwenden?"

„Und ob. Ich denke, genau das ist der Weg, Menschen zu verzaubern. Und Claudia und Stefan stehen mir so nahe, dass ich ruhig ein bisschen zaubern kann. Die beiden haben es wirklich verdient."

Nachdem sich beide verabschiedet hatten, saß Christine noch ein wenig da, träumte vor sich hin. „Es sind die Feinheiten und es ist die Leidenschaft, die den Unterschied ausmachen", dachte sie. Und während sie so da saß, wurde ihr klar, dass dies auch für das bevorstehende Interview mit diesen Journalistinnen am Montag das Wichtigste sein würde: ihre Begeisterung und ihre Leidenschaft für ihr Produkt zu zeigen. Nicht zu theoretisieren, nicht Einleitungen, nicht Hauptteil und Schluss zu verwenden, sondern die Überzeugung zu zeigen, die sie selbst hat und lebt.

Christine schreckte aus ihren Träumen auf. Ui, es war Zeit, Kai wartete auf sie. Beschwingt machte sie sich auf den Weg in den Englischen Garten.

Checkliste zum 9. Kapitel: Von Luftballons und Leidenschaft

1. Suchen Sie für Ihren Vortrag nach Analogien. Analogien helfen, anderen etwas beizubringen, ohne als Oberlehrer dazustehen. Mit Analogien können Sie etwas Unbekanntes beschreiben, indem Sie Bekanntes darstellen.

2. Mit Metaphern werden 80 Prozent unseres Nervensystems im Gehirn aktiviert, bei analytischem, bewusstem Denken nur sieben Prozent.

3. Metaphern führen zu bleibenden Aha-Erlebnissen in emotionalen und nicht-bewussten Bereichen.

4. Gleichnisse sichern neben einem hohen Aufmerksamkeits- und Unterhaltungswert auch höchste Behaltenswerte.

5. Mit Geschichten schaffen Sie es, dass Ihre Zuhörer „lachen und lernen".

6. Wenn Ihr Publikum einmal gelacht hat, ist es automatisch offen für das, was Sie sagen wollen.

10. Kapitel:

Ideale Ideen beim Interview

„Es gibt Berufsgruppen", erklärte Jan Julia beim nächsten Treffen, „die besonders gut mit Worten umzugehen verstehen. Christine erlebte das bei ihrem Pressegespräch nach ihrer großen Präsentation. Aber sie konnte zu diesem Zeitpunkt schon auf ein gewisses rhetorisches Repertoire zurückgreifen und meisterte die ungewohnte Situation damals souverän. Ja, sie entwickelte geradezu ‚ideale Ideen' beim Interview", fasste Jan die Situation für Julia zusammen.

Es war kurz nach vier, als Christine am Montag Nachmittag in den Konferenzraum kam. Sie hatte ein herrliches Wochenende hinter sich, fühlte sich ausgeruht und gestärkt. Am Morgen hatte sie mit mehreren Telefongesprächen weitere Weichen für ihre Produktlinie gestellt und strahlte aus jedem Knopfloch. Gerade hatte sie sich noch für das Fotoshooting umgezogen. Die Redakteurin von der Lokalpresse und die Reporterin einer Fachzeitschrift warteten auf sie.

Der Begrüßung und kurzen persönlichen Vorstellung folgte auch schon die erste Frage der Journalistinnen. „Sie haben also eine neue Produktlinie entwickelt ...", meinte die Redakteurin der Lokalzeitung kurz.

Christine war zunächst verdutzt. „Ja“, sagt sie spontan, merkte aber sofort, dass eine umfassendere Antwort von ihr verlangt wurde. Sie erinnerte sich an ihr erstes Vorstellungsgespräch, bei dem ihr heutiger Chef die Frage stellte: „Sie wollen also bei uns anfangen?“ Mehr aus Nervosität und Einfallslosigkeit denn aus taktischer Überlegung war ihre Antwort ein schlichtes „Ja“ gewesen. Das hatte damals einen sicheren Eindruck hinterlassen. In einem Presseinterview aber, das war ihr klar, waren Informationen gefragt.

Sie fing zögernd an zu erzählen, wie die Idee zur Produktlinie entstanden war, und erläuterte dann, immer sicherer werdend, die Schritte der Umsetzung bis hin zur Präsentation. „Bei der Entwicklung dieser Linie haben wir uns drei Fragen gestellt“, sagte sie zu den Journalistinnen: „Erstens: Was verbirgt sich bei Office hinter dem Begriff Qualität? Zweitens: Was verbirgt sich hinter dem Begriff Service? Und drittens: Was verbirgt sich hinter dem Begriff Kompetenz?

Die Antworten darauf haben wir in mehreren Bereichen gefunden. Qualität bedeutet bei Office gute Verarbeitung, schönes Design, moderne Formen und lange Haltbarkeit.

Unter Service verstehen wir beispielsweise kurze Lieferzeiten. Darüber hinaus sind unsere Produkte erweiterbar, flexibel und anpassungsfähig. Und schließlich unterstreicht diese Linie die Kompetenz von Office, weil wir dadurch Trendsetter bleiben. Im Detail heißt das, dass wir zum Beispiel erstmals in Firmenfarben lackieren können, höhen- und neigungsverstellbare Tischplatten haben und eine innovative Lösung für die Verlegung von Kabeln entwickelt haben.“

Während Christine so sprach, dachte sie an die guten Tipps ihrer Kollegen, sie spürte ihre eigene Unsicherheit und sie dachte daran, was Alfredo ihr klar gemacht hatte. „Denk daran, es geht nicht nur darum, Nutzen zu haben, du musst ihn auch kommunizieren“, hatte er ihr mit auf den Weg gegeben: „Sag, was gut ist an dir“. Sie hatte noch nicht zu Ende gedacht, als die Reporterin die nächste Frage an sie richtete: „Und was ist jetzt das Besondere an der von Ihnen entwickelten Produktlinie?“

Wenn einmal in deinem Leben keine Bescheidenheit angebracht ist, dann jetzt in diesem Moment, dachte sie. Los gib Gas.

Christine holte aus ihrer Mappe eine Liste, in der sie einundzwanzig Punkte notiert hatte, die genau die Qualität ihrer Linie aufzeigten. „Es sind exakt einundzwanzig Punkte, die uns von herkömmlichen Anbietern unterscheiden“, betonte sie. Sie erläuterte jeden einzelnen Punkt auf der Liste. Als Zusammenfassung sagte sie: „Sie werden jetzt verstehen, dass wir mit dieser Produktlinie den Markt für Büromöbel revolutionieren werden.“

„Sie glauben wirklich, dass diese einundzwanzig Punkte so wichtig sind für Menschen, die in Büros arbeiten? Die stupide Arbeit bleibt doch die gleiche?“ fragte die Lokalreporterin etwas provokant.

Christine spürte, wie ein Adrenalinstoß durch ihren Körper ging. Was wollte diese Person damit sagen? Sie wischte sich unauffällig ihre etwas feuchten Hände am Rock ab, atmete kurz durch und ihr fiel ein, dass es bei dieser Antwort weniger auf das „was“, sondern vielmehr auf das „wie“ ankam. Sie spürte ganz intuitiv, dass es wohl an der Zeit war, eine

Gegenfrage zu stellen. Sie wusste ja, dass eines der wichtigsten rhetorischen Mittel gerade bei Fragen nicht die Antwort, sondern die Gegenfrage sein konnte.

„Was glauben Sie denn, was für Menschen, die im Büro arbeiten, wichtig ist?“, fragte sie etwas zu forsch zurück. Im gleichen Moment jedoch war sie unsicher, ob das der richtige Weg gewesen war. Sie schickte ein Lächeln hinterher.

„Na ja,“ lenkte die Reporterin ein, „ich kann mir schon vorstellen, dass die Arbeitszufriedenheit auch was mit den Möbeln zu tun hat. Wer arbeitet schon gern an diesen mausgrauen, hässlichen Allerwelts-Schreibtischen“. Alle drei lachten.

„Die Wohlfühl-Qualität in Unternehmen wird in der Tat immer wichtiger“, erklärte Christine und wurde wieder ernst, „der Stress steigt, der Arbeitsdruck und die zeitliche Belastung. Da will man sich wenigstens nicht über unpraktische Möbelstücke ärgern müssen. Das Ziel ist, dass die Mitarbeiter morgens gern in ihr Büro kommen, sich dort heimisch fühlen und sich ungestört auf ihre Arbeit konzentrieren können.

Es ist übrigens interessant, sich anzuschauen, wie Leute sich ihr Home Office einrichten, da können wir eine Menge über Wohlfühl-Faktoren lernen. Die Möbelindustrie kann, wenn sie offen dafür ist, viele Impulse daraus gewinnen. Dass auch Büros diesen Personal Touch bekommen, dazu können wir ein kleines Stück mit unseren innovativen Möbeln beitragen. Für den Rest sind die Chefs und Chefinnen dann selbst verantwortlich.“

Die Reporterin meldete sich noch einmal zu Wort: „Noch eine letzte Frage, Frau Engels: Welche Ausbildung und welche

Qualifikation berechtigt Sie überhaupt, solche Produktlinien zu entwickeln?“

Christine war einen Moment sprachlos. Nicht nur über den scharfen Ton der Frage, (daran würde sie sich im Umgang mit Journalisten gewöhnen müssen, dachte sie kurz) sondern auch wegen der Antwort. Sie hatte als gelernte Grafikerin Raumgestaltung und Architektur ja niemals gelernt, geschweige denn je studiert. Sie empfand das selbst immer ein bisschen als Manko und wollte deshalb auf ihre Ausbildung in diesem Interview gar nicht eingehen.

Sie dachte kurz nach und antwortete dann schlagfertig: „Sehen Sie, ich habe mich hier viele Jahre mit den Kundenwünschen, mit den Anforderungen auf dem Gebiet der Gestaltung auseinander gesetzt und habe gleichzeitig durch viele Marktforschungen, Trendanalysen und eigene Beobachtungen diverse Verbesserungsvorschläge mit eingebracht. Zu wissen, was die Kunden wirklich brauchen, ist ein entscheidender Vorteil. All dies waren wesentliche Voraussetzungen, um diese Produktlinie zu entwerfen.“

Die beiden Journalistinnen zeigten sich begeistert von dem Gespräch und waren beeindruckt von der Souveränität der Interviewpartnerin, die offensichtlich jeder Art von Frage gewachsen war. Sie schätzten diese Christine Engels, die offensichtlich nicht nur in technischen Details, sondern auch im zwischenmenschlichen Bereich Kompetenz vorzuweisen hatte.

„Können wir jetzt noch ein paar Fotos machen?“ fragte die Tageszeitungsredakteurin. Christine ging mit den Journalistinnen zum Foto-Shooting. Innerhalb einer Stunde waren die Aufnahmen im Kasten – Fotos im Firmengebäude, in den Produktionsstätten, Fotos vor ihrem Modell, Fotos in lockerer Atmosphäre auf dem Firmengelände. Christine wunderte sich über den Aufwand, der da getrieben wurde – und dann würden gerade mal ein, zwei Fotos veröffentlicht. Aber geduldig posierte sie und lächelte in die Kameras. Endlich waren die Filme verschossen, Christine entspannte sich. Geschafft.

Christine versuchte, sich ihre Erschöpfung nicht anmerken zu lassen und tauschte Visitenkarten mit den beiden Besucherinnen aus. Sie bot ihnen an, jederzeit telefonisch für Fragen zur Verfügung zu stehen. Die Journalistinnen baten sie ihrerseits, sie doch über Neuerungen auf dem Laufenden zu halten. Schließlich sei dieses Thema ja sowohl für die Menschen vor Ort, aber auch für die Spezialisten der Branche von Bedeutung. Da wusste Christine, sie hatte gewonnen. Sie brachte die Reporterinnen zur Pforte und verabschiedete sich.

Zurück in ihrem Büro schleuderte Christine als erstes ihre Pumps von den Füßen und zog ihre Kostümjacke aus. Sie hatte gar nicht gewusst, dass Interviews so anstrengend waren. Und sie bewunderte jetzt mehr als zuvor Politiker/innen, die im Fernsehen spontan zu Fragen Stellung nahmen.

Christine griff zum Telefon, um sich noch einmal bei Alfredo für seine Hilfe zu bedanken.

„Pronto“, meldete er sich wie gewohnt.

„Alfredo, ich dank dir so, das Interview ist gut gelaufen, ich bin jedenfalls zufrieden.“

„Ich wusste, du wirst es wunderbar machen“, kam es aus der Leitung.

„Deine Tipps haben mir noch mal sehr, sehr geholfen, vielen Dank dafür. Puh, es war wirklich nicht einfach, immer souverän zu wirken. Am Ende des Interviews fragte mich eine Journalistin doch tatsächlich nach meiner Ausbildung und meiner Qualifikation! Ich wusste im ersten Moment gar nicht, wie ich mich da verhalten sollte."

„Und wie hast du dich verhalten?", fragte Alfredo.

„Ich bin mehr auf die allgemeine Qualifikation und nicht auf die Ausbildung eingegangen. War das richtig?"

„Goldrichtig. Stell dir vor, du gehst an der Isar spazieren und plötzlich schwimmt ein alter vergammelter Schuh an dir vorbei. Was wirst du machen?"

„Komische Frage," meinte Christine, „nichts werde ich machen, ich werde ihn halt vorbei schwimmen lassen."

„So, Bella, und nun lass einen Mann in Lebensgefahr vorbei schwimmen, der nicht schwimmen kann und der wild um sich schlägt und kurz vor dem Ertrinken ist. Was wirst du machen?"

„Ich würde den Mann natürlich retten, sofern ich das kann."

„Siehst du Bella, wir in Italien nennen das: Lass Unrat vorbei schwimmen. Wir werfen uns dann ins Wasser, wenn wir meinen, es lässt sich was rausholen, es ist etwas Wichtiges, es lässt sich etwas retten. Und all die Dinge, die weniger wichtig sind, wie alte Schuhe oder blöde Fragen, die nehmen wir auch gar nicht an, und so hast du vollkommen richtig reagiert. Und ich bin mir sicher, nachdem du professionell auf den zweiten Teil der Frage geantwortet hast, wurde der erste Teil gar nicht mehr gestellt, stimmt's."

„Bingo“, antwortete Christine.

„Das erlebst du ja auch bei Interviews im Fernsehen“, meinte Alfredo: „Dort wird auch nicht alles beantwortet: Man konzentriert sich auf Fragen, zu denen es die besten Antworten gibt. Natürlich geht das nicht immer, aber wie heißt es im Fernsehen so schön: immer öfter. Die höchste Kunst besteht sowieso darin, die Antwort zu geben, die du dir vorgenommen hast, egal wie die Frage heißt.“

„Einen bitteren Nachgeschmack hatte das ganze aber dennoch“, antwortete Christine, „ich habe mich persönlich angegriffen gefühlt und wusste gar nicht, wie ich damit umgehen sollte.“

Alfredo: „Wir kommen uns doch oft kritisiert vor. Lass dich doch mal auf ein kleines Analysespielchen mit mir ein: Nimm ein Blatt Papier und teile es längs mit einem Strich durch die Mitte und jetzt schreibe links oben ein Plus und rechts oben ein Minus auf. Als du das letzte mal kritisiert wurdest, welche Gefühle kamen da in dir hoch?“

Christine schrieb und sagte: „Zorn, Wut, Frust, Demotivation.“

„Gab es auch mal eine Kritiksituation, die du als positiv empfunden hast?“

Christine überlegte eine Weile und sagte: „Es gab Momente, da fühlte ich mich durch Kritik angespornt, angestachelt und motiviert, es besser zu machen. Ja stimmt, ich hatte negative und auch einige positive Gefühle.“

„Das ist die Kunst der Kritik, Christine. Die eine verursacht negative Gefühle: Wenn Menschen gedemütigt werden, beschuldigt werden, sich unwohl fühlen, wenig motiviert sind, dann sind das meistens keine Dinge, die im Geschäftsleben helfen und produktiv sind. Langfristig werden wir damit die Menschen wirklich zerstören. Wenn wir ihnen aber helfen, besser motiviert zu sein, über die Sache nachzudenken, angestachelt zu sein, war es dann noch Kritik?“

„Konstruktive Kritik“, meinte Christine.

„Christine, konstruktive Kritik, das ist nur ein nettes Adjektiv für ein böses Wort. Wenn du die Leute zerstört hast, dann ist konstruktive Kritik eben konstruktive Zerstörung. Nein, wenn die Menschen wirklich etwas verändern, dann ist es nicht mehr Kritik, sondern dann ist es tatsächlich Hilfe gewesen. Eine Frage, die du dir auch stellen kannst, wenn du sehr kritische Fragen bekommst, ist: Wollen sie mir helfen oder wollen sie mich nur kritisieren? Weißt du, ein Sprichwort bei uns in Italien lautet: Kritisieren kann jeder Idiot – und die tun es auch.“

Christine musste lachen: „Du hast recht, Alfredo, es gibt genug Menschen, die nichts anderes zu tun haben, als zu kritisieren. Doch oftmals sind es gar nicht so sehr Kritikpunkte, sondern einfach Einwände, die geschickt beantwortet werden müssen.“

„Einwände sind ja schließlich das, was uns zeigt, dass sich unser Gegenüber mit einem Gedanken auseinandersetzt, dass er Fragen hat, dass er etwas wissen will. Die Menschen, die keine Einwände bringen, bringen auch meistens kein wirkliches Interesse mit. Also sei froh, wenn jemand Einwände bringt. Gut ist es, wenn du die Einwände selbst vorwegnimmst, bevor sie ein anderer anmerken kann, wenn du sie entkräftest und gleichzeitig beantwortest“, meinte Alfredo. „Als ich letzte Woche eine Präsentation unserer neuen Tischkollektion hatte, fragte mich ein Reporter, in welchen Höhen der Tisch eingerastet werden könnte. Ich antwortete ihm, er sei von 80 bis 90 Zentimetern verstellbar. Er meinte, dass besonders kleine oder große Menschen ab zwei Meter zehn nicht gerade bequem an unseren Tischen sitzen würden. Ich hab mir überlegt, diesen Einwand in Zukunft von vornherein zu entkräften, indem ich sage, die Tische seien noch nicht für alle Größen variabel, aber achtundneunzig Prozent aller Größen würden damit abgedeckt. Wenn ich einen Einwand vorwegnehme, dann kann ihn schon kein anderer mehr bringen. Wenn trotzdem noch Einwände kommen, sorge ich für einen Puffer."

„Du willst Zeit gewinnen", meinte Christine.

„Genau. Du kannst beispielsweise zustimmen – nicht in der Sachlage, sondern in der Berechtigung des Einwands. Puffer können verbal sein, zum Beispiel wenn du einfach nur sagst: ‚Ja, ich verstehe Sie'. Puffer können aber auch nonverbal sein: Ein Kopfnicken oder ein Lächeln zeigen deinem Gegenüber: ‚Ich versteh dich, ich hör dir zu'. Die meisten Menschen wollen einfach nur verstanden werden."

„Jetzt klingst du ja fast wie das Wort zum Sonntag", grinste Christine in den Hörer.

„Aber es stimmt einfach", betonte Alfredo. „Willst du mehr darüber wissen, wie du Einwänden begegnen kannst?", fragte er.

„Gerne".

„Gut. Du kannst aus sechs Möglichkeiten wählen. Schreib dir als kleine Eselsbrücke doch einfach mal untereinander die Buchstaben FEDAUL auf: F, E, D, A, U, L – jeder dieser Buchstaben steht für ein Wort und damit verbunden für eine Strategie, mit Einwänden richtig umzugehen."

„Für welche?"

„F steht für Fragen: Stell doch einfach eine Frage oder eine Gegenfrage. Das kann eine Verständnisfrage sein, wie zum Beispiel: ‚Wie meinen Sie das?', ‚Wie verhält sich das genau?', ‚Was verstehen Sie darunter?' oder ‚Was ist daran nicht in Ordnung?' Es kann auch eine Frage sein, bei der du um Rat fragst – nach dem Motto: ‚Wie würden Sie das machen?', ‚Was halten Sie persönlich davon?' oder ‚Wie würden Sie die Situation angehen?'

E steht für Erklären: Du stellst einfach dar, warum etwas so oder so ist. Manchmal brauchen Menschen ein paar Argumente mehr, um Dinge besser verstehen zu können."

„Ich kann dir folgen. Und wie geht es weiter?"

„Bei einem ganz und gar unbegründeten Einwand, nimm D für Dementieren. Sag einfach deutlich, dass es so nicht stimmt. Es darf nicht einmal der Hauch eines Zweifels bestehen bleiben. A steht für Analogien. Im Klartext: Du bringst ein ähnliches Beispiel, um einem Einwand zu begegnen.

U steht für Umkehren und eröffnet dir die Möglichkeit, aus einem Einwand einen Verbündeten zu machen."

„Zu meinem Verbündeten?", wiederholte Christine fragend.

„Ganz richtig. Mal angenommen, jemand sagt zu dir, du seist aber noch sehr jung für die Position, die du inne hast. Dann könntest du dich entschuldigen, ihm zustimmen, und zugeben, dass du für dieses Aufgabengebiet noch viel zu grün hinter den Ohren bist. Gut wirken würde das aber sicher nicht. Deshalb dreh den Spieß doch einfach um und betone: ‚Gerade weil ich so jung bin, kann ich natürlich auch die trendigen Vorstellungen und Wünsche unserer Zielgruppe noch besser berücksichtigen und erfüllen und damit unserer Linie eine moderne Note geben.“

„Das klingt plausibel.“

„Das L steht für Lösung. Du fragst: ‚Wie wollen wir denn eine gemeinsame Lösung erarbeiten?‘ oder: ‚Welche Lösung stellen Sie sich denn vor?‘ ‚Was schlagen Sie vor?‘ ist auch so eine wunderbare Frage, die praktisch immer funktioniert.

„Damit habe ich auch schon gute Erfahrungen gemacht“, schmunzelte Christine: „Sie hat mir beim Einkaufen schon einen satten Rabatt verschafft.“

Sie schickte Alfredo ein Küsschen durch Telefon: „Danke für die kleine Einführung ins Einmaleins der Einwandbehandlung. Ich hab mal wieder viel von dir gelernt“, meinte Christine und verabschiedete sich mit einem „Ciao“.

Am Abend lümmelte sie auf dem Sofa, telefonierte mit Freundinnen, von denen sie lange nichts gehört hatte. Und hörte mit wachsendem Interesse ihrer Schulfreundin Gabi zu, die vor kurzem ihr erstes Buch, einen Management-Ratgeber, veröffentlicht hatte.

Sie erzählte von einer Veranstaltung, auf der das Buch vorgestellt wurde: „Stell dir vor, da sitzt doch so eine Journalistin im Publikum und wirft mir vor, das sei doch alles total banal, was ich da geschrieben hätte. Ich war erst ziemlich sprachlos, richtig beleidigt und fast hätte ich zurück geblafft, das ist überhaupt nicht banal und so. Vor einigen Jahren noch, als es mit meinem Selbstbewusstsein noch nicht so weit war, hätte ich wahrscheinlich angefangen zu heulen. Gottseidank hatte ich jetzt die Stärke, ganz ruhig zurück zu fragen: ‚Was finden Sie denn beispielsweise banal?' Die Journalistin nannte einige Einzelheiten, worauf andere Zuhörer sich zu Wort meldeten und begannen, genau diese Stellen zu verteidigen. Stell dir vor, ich musste gar nichts tun! Es entstand eine lebhafte Diskussion und ich bekam ganz viel Unterstützung. Es war wunderbar."

Christine freute sich mit Gabi und versprach, das Buch bald zu lesen und ihr auch ein Feedback zu geben. „Ich bin stolz auf dich!" beendete sie das Gespräch.

Checkliste zum 10. Kapitel: Das Einmaleins der Einwände

1. Erläutern Sie, wie Ihr Produkt entstanden ist und beschreiben Sie die Schritte der Umsetzung bis zur heutigen Präsentation.

2. Sagen Sie selbstbewusst, was Ihre Stärken sind und auf welchem Gebiet Sie richtig gut sind.

3. Einwände Ihres Gegenübers zeigen, dass er sich mit unseren Gedanken auseinandersetzt, dass er Fragen hat und etwas wissen will. Menschen, die keine Einwände bringen, bringen auch meistens kein wirkliches Interesse mit.

4. Nehmen Sie Einwände vorweg, dann kann sie kein anderer mehr bringen.

5. Stellen Sie Fragen oder Gegenfragen: „Was meinen Sie mit …?“

6. Erklären Sie, warum etwas so oder so ist.

7. Sagen Sie deutlich, wenn die Fragestellung so nicht stimmt.

8. Arbeiten Sie mit Analogien: Bringen Sie ähnliche Beispiele, um einem Einwand zu begegnen.

9. Machen Sie aus einem Einwand einen Verbündeten.

10. Fragen Sie: Welche Lösung schlagen Sie vor?

11. Kapitel:

Jubel, Jackpot und ein Ja

„Verhandeln zu können", erklärte Jan Julia bei ihrem nächsten Treffen, „zählt, meiner Meinung nach, zu den elementarsten Fähigkeiten von Menschen. Christine zum Beispiel wäre auf der Karriereleiter nie soweit nach oben gerückt, wenn sie es nicht sehr bald schon verstanden hätte, ihre Interessen anderen gegenüber sehr deutlich zu vertreten und diese Interessen auch bei Verhandlungen durchzusetzen. Das fängt ja schon bei der Gehaltsverhandlung mit dem Chef an… Christine hat mir einmal erzählt, wie es bei ihr einmal besonders gut lief – mit viel Jubel, einem Jackpot und einem ‚Ja' …"

Christine war nervös. Es hatte nichts mit ihrem Projekt zu tun, das lief prächtig an, die ersten Bestellungen waren eingegangen, die Kunden reagierten sehr positiv auf ihre Produktlinie. Aber in wenigen Minuten hatte sie einen wichtigen Termin mit ihrem Chef. Sie wollte mit ihm über eine Gehaltserhöhung sprechen. Kein leichter Gang.

Sie saß an ihrem Schreibtisch und nagte an der Unterlippe. Sie nahm eine Checkliste zur Hand, die ihr ihre Freundin Gabi nach einem ausführlichen Gespräch über die jetzt bevorstehende Gehaltsverhandlung überreicht hatte. Als Unternehmensberaterin und Karriereexpertin verfügte sie über einen riesigen Wissensfundus. „Liebe Christine, du bekommst nicht, was du verdienst, sondern das, was du verhandelst", hatte Gabi als Leitsatz mit rotem Stift auf den Zettel geschrieben. Christine hatte lachen müssen, als sie dieses tolle Motto zum ersten Mal gelesen hatte.

„Verhandeln hat etwas damit zu tun, die Dinge richtig auszudrücken, sie beim Namen zu nennen", hatte ihr Gabi gesagt und erst einmal erklärt, wie man auf keinen Fall in die Gehaltsverhandlung einsteigen sollte: „‚Passen Sie auf, lieber Chef, ich brauche mehr Geld', damit kommst du nicht weit", hatte sie betont. Noch schlimmer seien Begründungen wie: „Die Inflation hat zugelegt" Oder: „Die Benzinpreise sind so gestiegen".

Beim Flirten würde eine Frau ja auch nicht sagen: „Entschuldigen Sie, wollen Sie mich heiraten, ich brauche einen Mann?" und als Begründung angeben, dass es in der Bevölkerung mehr Frauen als Männer gebe (52 zu 48 Prozent).

Und ein Junggeselle käme auch nicht weit, der mit den Worten wirbt: „Hören Sie, ich habe zu Hause eine Zugehfrau, die kostet mich zwanzig Mark in der Stunde. Wenn Sie mich heiraten, dann könnte ich mir diese Kosten wirklich sparen."

Gabi hatte Christine mit diesen Beispielen zum Lachen gebracht, und ihr dann eindrücklich zu einem zeitlich gut abgestimmtem Verhalten geraten: „Außergewöhnliche Dinge werden in außergewöhnlichen Zeiten erreicht." Strategie heiße einmal, sorgfältig den Zeitpunkt zu wählen, in dem wir Ruhe oder Muße für so ein Gespräch haben, also Finger weg von Tür- und Angel-Gesprächen über Gehaltserhöhungen. Strategie müsse aber auch heißen, einen Zeitpunkt zu wählen, der für unser Vorhaben günstig sei.

Die meisten Menschen fragen nach einer Gehaltserhöhung, wenn sie eine wichtige Aufgabe abgeschlossen haben, quasi als Belohnung. Eine schlechte Strategie. Warum sollte man ihnen mehr Geld geben, wenn die Sache vorbei ist? Besser ist am Anfang oder auf dem Höhepunkt eines Projektes eine Gehaltserhöhung herauszuhandeln: als Motivation, das Beste aus dem Projekt zu machen.

„Oftmals sind neue Aufgabenbereiche, interne Veränderungen, eine Beförderung des Vorgesetzten oder neue Herausforderungen entscheidende Situationen und bieten besonders große Chancen auf eine Gehaltserhöhung“, hatte Gabi erklärt.

Christine wusste inzwischen, dass es für eine erfolgreiche Gehaltsverhandlung nicht ausreichte, einmal eine Sache herausragend zu erledigen. Sie musste immer am Ball bleiben. Erst wenn wir kontinuierlich Leistung bringen, wird der Chef, Vorgesetzte oder Vorstand auf unser außergewöhnliches Engagement aufmerksam und ist viel eher bereit, es entsprechend zu honorieren.

„Was ist das brennende Problem deines Vorgesetzten?“, hatte Gabi sie gefragt. „Oft sind wir viel zu sehr in unsere eigenen Probleme und Herausforderung vertieft, anstatt an die anderer zu denken. Ich gebe dir ein kleines Beispiel: Stell dir mal vor, Kai steht in der Küche und kocht Pasta und ist ziemlich unter Zeitdruck, damit das Essen rechtzeitig fertig wird, denn die Gäste kommen bald. Das Wasser fängt zu brodeln an, die Nudeln müssten schon längst rein, damit das Essen rechtzeitig fertig wird. Dann sucht er das Salz. Er fragt dich: ‚Wo ist denn das Salz?' Und genau in dem Moment stellst du ihm die Frage: ‚Kannst du mir mal hundert Mark geben?'"

„Er würde mich zur Küche raus jagen, nehme ich an", lachte Christine.

„Bezogen auf deine Gehaltsverhandlung überlege dir also ganz genau, was das brennende Problem deines Vorgesetzten ist. Was lässt ihn in der Nacht nicht schlafen? Genau hier musst du ansetzen, willst du dich optimal positionieren. Es geht nicht darum, dass du mehr Geld brauchst, sondern dass du deinem Chef hilfst, seine Aufgaben zu erfüllen und er dir dafür seine Wertschätzung in Form von Geld zeigt."

Gabi sprach von Implikation, von Auswirkungen: „Es ist immer ziemlich peinlich, wenn Leute in Gehaltsverhandlungen sagen: ‚Also, entweder ich bekomme jetzt mehr oder ich gehe.' Das ist Erpressung und es gibt immer mehr Vorgesetzte oder Personalchefs, die sich mit Recht nicht erpressen lassen und konsequent reagieren: ‚Es tut mir leid, aber dann müssen Sie eben Ihren Weg gehen.'

Wenn wir dagegen über die Auswirkungen sprechen, dann wird das Ganze wesentlich deutlicher. Ein Beispiel: Dein Chef betraut dich damit, ein Produkt mit gezieltem Marketing zu pushen. Überleg dir vorher: ‚Wenn ich das gut mache, welche Bedeutung wird das für unseren Umsatz haben, welche Bedeutung wird es für die Mitarbeitermotivation haben, welche Bedeutung wird es für die Kunden haben, welche Bedeutung wird es für das Image des Unternehmens haben?' Je mehr Bereiche du findest, auf die sich, das was du tust, positiv auswirkt, und je mehr Wirkung sich in den einzelnen Bereichen zeigt, um so wichtiger wird die Aufgabe in den Augen deines Vorgesetzten werden.

„Klar, und durch meine Fragen mache ich ihm erst richtig bewusst, wie wichtig eine sinnvolle Lösung ist, um mich zu motivieren, das Beste zu geben“, schloss Christine.

„Exakt“, meinte Gabi, „und jetzt wird es spannend. Denn neben den Fragen nach den positiven Auswirkungen gibt es sehr wohl auch noch die Fragen nach den negativen Auswirkungen mangelnden Erfolgs. Das ist ein wesentlich besserer Weg, als direkten Druck auszuüben. Wenn wir uns das Beispiel von vorhin vorstellen – welche Fragen könnten wir dann formulieren, um solche negativen Auswirkungen herauszubekommen? Sie könnten lauten: ‚Nehmen wir mal an, wir würden das mit dem Marketingkonzept nicht rechtzeitig schaffen: Was hängt davon ab? Wie würde sich das denn auf unseren Umsatz auswirken? Wie würde sich das auf unser Image auswirken, wie würde sich das auf unsere Kundenbeziehung auswirken?‘

Oder noch geschickter: ‚Natürlich werden wir diese Aktion rechtzeitig zu Ende bringen, aber um Ihnen einfach mal zur Information die Bedeutung und die Wertigkeit dieser Aufgabe zu verdeutlichen, müssen wir überlegen, was passieren könnte, wenn … Warum ist Ihnen dieses Projekt so wichtig und was würde bei einer Nicht-Realisierung anders laufen?‘

Dann ist es natürlich umso wichtiger, den aus der eigenen Aufgabe resultierenden Nutzen für alle Bereiche des Unternehmens zusammenzufassen. Es ist entscheidend, dass du den Nutzen, den du bietest, auch klar und deutlich formulierst, sonst kann dir das Schlüsseldienstprinzip dramatische Folgen bereiten.“

„Das Schlüsseldienstprinzip?“, hakte Christine verwirrt nach.

„Es ist wie beim Ei des Kolumbus“, sagte Gabi, „oft haben wir in Gesprächen fantastische Ideen und kaum haben wir diese ausgesprochen, reagieren die Gesprächspartner mit gelangweilten Aussagen wie ‚Na, da wären wir ja selbst auch drauf gekommen‘ oder ‚Nicht so übel die Idee, haben Sie noch bessere?‘ Damit wollen sie unsere Leistung schmälern und gar nicht erst hohe Ansprüche entstehen lassen. Da heißt es, strategisch geschickt vorzugehen, um den Wert unserer Arbeit hervorzuheben.“

„Das verstehe ich noch nicht“, warf Christine ein. „Ich weiß doch, was ich leiste und mein Chef auch. Das muss ihm doch was wert sein?“

Gabi lachte: „Ach weißt du, gerade weil Dienst-Leistungen selten konkret greifbar sind, gilt das sogenannte ‚Prinzip der kurzen Freude‘ für Ideen und Leistungen aus diesem Bereich ganz besonders. Dieses Prinzip besagt: Der Wert einer Dienstleistung lässt mit dem Zeitpunkt der Erbringung im Kundenkopf nach!“

„Klingt kompliziert,“ warf Christine ein.

„Hier ein ganz alltägliches Beispiel: Stell dir vor, du kämst von einer Veranstaltung nach Hause und würdest merken, dass du beim Weggehen den Schlüssel vergessen hast. Es gibt keine Möglichkeit für dich, hinein zu kommen. Du rufst also den Schlüsseldienst an. Der kündigt sein Kommen, aber auch Kosten in Höhe von 150 Euro an. Was bleibt dir übrig? Du stimmst der Sache zu. Nun trifft der Schlüsseldienst ein, öffnet mit einem Dietrich innerhalb von einer Minute die

Tür und kassiert die 150 Mäuse. Du stehst fassungslos im Flur und errechnest einen Stundenlohn deines ‚Retters' von 9000 Euro! Wahnsinn. Für das bisschen Arbeit. Das sind Situationen, in denen es – aus Sicht des Schlüsseldienstes – wichtig ist, den Wert der Leistung vor der Erbringung zu vermitteln. Denn sobald du erst wieder in deiner Wohnung stehst, ist der Wert der Dienstleistung für dich bereits viel geringer."

Christine musste kichern: „Stimmt, wenn ich erst mal drin stehe, würde ich ja nicht mehr jeden Preis bezahlen!"

„Genau, für deine Gehaltsverhandlung bedeutet das: Es ist wichtig, dass der Nutzen deiner Talente, deiner Schaffenskraft, deines Fleißes, na sagen wir schlicht, deiner Genialität rechtzeitig deutlich wird. Du musst ihn also auch kommunizieren."

Christine ging die Checkliste weiter durch: „No risk, no fun", murmelte sie lächelnd bei einem Punkt. Gabi hatte eine Zeichnung neben diese Worte gekritzelt. Darin sollte zum Ausdruck kommen, dass Menschen gerne alles zugleich haben wollen: Spaß, Anerkennung und ein möglichst hohes Gehalt. Also all das, was wir unter ‚fun' verstehen. Gleichzeitig wollen sie dafür aber nur ein Minimum an Risiko tragen und ein Minimum an Einsatz und ein Minimum an Kosten übernehmen.

„Das ist auf der einen Seite verständlich, passt aber einfach nicht zusammen. Je höher wir den Einsatz ansetzen, umso größer ist natürlich auch die Möglichkeit, Spaß zu haben. Wobei dieses Prinzip ja nicht nur für uns selbst gilt, sondern auch für unseren Vorgesetzten. Auch er will viel Spaß mit wenig Risiko – und da das Ganze in dieser Kombination nicht funktioniert, gilt es, nicht nur Spaß zu fordern, sondern auch die Risikobereitschaft und möglicherweise den Einsatz für ein Risiko anzubieten. Du solltest eine mögliche Gehaltserhöhung mit diversen Zielerreichungsgraden, mit bestimmten Aktionen oder mit anderen, mehr oder weniger messbaren Bereichen verknüpfen. Dann ist ein Vorgesetzter auch eher bereit, deine Gehaltserhöhung höher anzusetzen als niedriger. Er weiß ja, was ihm für eine Gegenleistung avisiert wurde. Keine Leistung – keine Gegenleistung."

„Aber ich arbeite doch schon genug. Ich kann nicht noch mehr arbeiten, um mehr Geld zu bekommen. Schließlich will ich ja dafür Geld bekommen, wofür ich schon arbeite", widersprach Christine.

„Logisch, dass du das sagst. Aber denk doch bitte mal daran:

Erstens: Augen sehen nicht alles.

Zweitens: Nutze moderne Kommunikationsmittel.

Drittens: Stell Fragen.

Viertens: Schreib Briefe."

Gabi begann zu erklären: „Sei dir einfach bewusst, dass wir nicht alles sehen, was wir sehen sollten. Ein Beispiel: Du hast eine Mitarbeiterin und du gibst ihr ein Projekt. Mir ging das vor kurzem mit unseren Internetseiten so. Wir hatten eine mehr oder weniger fertig programmierte Seite unter der Domain Consultinggroup.de laufen. Diese Seite sollte umziehen, innerhalb des gleichen Providers, auf die Domain unternehmen-erfolg.de. Ich gab diese Aufgabe an eine Mitarbeiterin, die das mal schnell veranlassen sollte. Ich dachte, mit einem Fax oder einem Telefonanruf wäre die Sache erledigt.

Durch Zufall merkte ich einen Tag später, dass die Sache immer noch am Laufen war. Der Grafiker musste intern mehrere aufwändige Programmschritte ändern, um die Verknüpfung in den einzelnen Ordner der Unterverknüpfungen sicher zu stellen. Er musste gewisse Zugangscodes haben, die wiederum auf Grund des Domainnamens allein nicht ersichtlich waren. Der Provider gab aus Versehen einen verdrehten Zugangscode weiter, der nicht passte. Der Grafiker bemühte sich einen ganzen Tag lang mit dem falschen Code hinein zu kommen. So kam das Problem wieder auf unseren Tisch, bis wir wieder bei dem Provider anfragten und so weiter und so weiter. Aus diesem so scheinbar kleinen Projekt wurden tatsächlich zwei Tage Arbeit. Ich hätte das nie bemerkt, wäre ich nicht zufällig in das Büro der Mitarbeiterin gegangen. ‚Ich wusste gar nicht, dass da so viel dahinter steckt. Tut mir leid, ich dachte, das wäre wirklich gleich erledigt', meinte ich erschrocken.

So wie es mir damals mit einer Mitarbeiterin ging," meinte Gabi, „geht es sehr oft auch deinem Vorgesetzten. Der sieht gar nicht, was du alles zu tun hast und merkt überhaupt nicht, wie viel wirklich dahinter steckt. Hier gilt es sehr wohl, ihm die Dinge noch einmal bewusst zu machen, damit er eine deutliche und klare Vorstellung bekommt. Bewusst zu machen, heißt auch moderne Kommunikationsmittel zu nutzen, z.B. öfter mal eine e-Mail zu schreiben, in der kommuniziert wird, was du erreicht hast und woran du gerade arbeitest. Ich hatte mal einen Kollegen, der machte das wunderschön: Er lieferte jeden Freitag, bevor er aus dem Büro ging, einen Rückblick der Woche und mailte für jeden Tag eine Zeile an seine Vorgesetzen und Partner. Damit schlug er zwei Fliegen mit einer Klappe: Durch die e-Mail der Woche wurde noch mal allen bewusst, was er alles geschafft hatte und wie wichtig dies für alle Beteiligten und das Unternehmen gewesen war."

„Also sollte ich mit den Vorbereitungen für die Gehaltsverhandlung schon viel früher anfangen und zielstrebig darauf hinarbeiten?"

„Genau, das nennt man Selbst-PR, die eigenen Leistungen und Erfolge sichtbar machen. Was du auch nicht vergessen solltest: Fragen zu stellen. Wer nachfragt, zeigt nicht seine Unwissenheit, er zeigt vielmehr, dass er einen komplexen Sachverhalt gut erkannt hat und noch besser verstehen will. Wir können durch eine Frage nicht nur zusätzlich Informationen bekommen, sondern gleichzeitig auch einen gewissen Projektstand und einen gewissen Status beschreiben – und damit zugleich die Weiterentwicklung des Projektes anstoßen. Du weißt ja, es gibt keine dummen Fragen, sondern nur dumme Antworten."

Soweit war Christine klar, was ihre Freundin ihr sagen wollte. Aber was meinte Gabi mit dem vierten Punkt ‚Briefe schreiben'?

„Am besten, ich erzähle dir dazu ein Beispiel aus meiner beruflichen Praxis", antwortete Gabi, „dadurch werden auch einige der zuvor besprochenen Punkte vielleicht noch deutlicher … Also, wir betreuten damals eine Recruitment-Managerin einer weltweit agierenden Fluglinie und diese Recruitment-Managerin sprach mich eines Tages an und wollte von mir einen Rat, wie sie gegenüber ihrem Vorgesetzten einerseits eine Steigerung der Fortbildungsintensität und parallel dazu auch gleich noch eine Gehaltserhöhung durchsetzen könnte.

Gemeinsam verfassten wir dann einen Brief, in dem wir als Ziel der Fluglinie definierten, sich als Servicemarktführer am Markt positionieren zu wollen. Dann verwiesen wir auf die Tatsache, dass die Realität davon leider weit entfernt sei, dass das Personal gegenwärtig eher schlecht motiviert sei und nicht sehr serviceorientiert arbeiten würde. Dann stellten wir die negativen Implikationen für den Fall vor, dass an diesem Zustand nichts verändert würde – noch schlechteren Service, unzufriedene Kunden, sinkende Buchungszahlen usw. – und anschließend die positiven Implikationen für den Fall, dass verstärkt in die Weiter- und Fortbildung des Personals investiert würde: besserer Service, zufriedenere Kunden, zufriedeneres Personal, steigende Buchungszahlen … Kurzum: wir rückten die von der Recruitment-Managerin gewünschte Lösung mit diesem Brief in das denkbar beste Licht!"

„Und was geschah dann?", fragte Christine. „Nun, kurz darauf wurde die Recruitment-Managerin zu einem Gespräch eingeladen."

„Und dann?"

„Dann musste sie noch einmal ihren Lösungsvorschlag präsentieren. Auf die Frage ihres Vorgesetzten, wer dies alles denn koordinieren sollte, antwortete sie logischerweise, dass sie das selbst übernehmen könnte. Der Vorgesetzte war begeistert und stimmte dem zweiten Anliegen der Recruitment-Managerin nach einer Gehaltserhöhung sofort zu –

schließlich hatte sie ihm ja zuvor die Lösung für ein brennendes Problem vorgestellt, also Nutzen gebracht, und auch noch zugesichert, dass sie sich um die Lösung dieses Problems höchstpersönlich kümmern würde!"

Christine überlegte: „Ja, die Gesprächsvorbereitung mit einem Brief und die anschließende Gesprächsstrategie mit der Darstellung der verschiedenen Implikationen, das war gut aufeinander abgestimmt."

Gabi ergänzte: „Ich nenne das Nagen. Darunter verstehe ich, dass ein bereits erreichtes Verhandlungsergebnis durch konsequentes Nachfragen und Nachbohren in vielen Fällen noch einmal verbessert werden kann. So auch bei der Recruitment-Managerin. Die hatte mir anvertraut, dass es schon immer ihr Wunsch gewesen war, an einer sündhaft teuren Spezialweiterbildung teilzunehmen. Also hatte ich ihr geraten, diesen Wunsch nach dem erfolgreichen Abschluss der Hauptverhandlungen mit ihrem Chef nachzuschieben, also noch einmal am zuvor schon erreichten Verhandlungsergebnis zu ‚nagen'."

Christine bohrte nach: „Und wie hat sie das dann zur Sprache gebracht?"

„Nun, ganz einfach: sie hat gesagt: ‚Schön, dass wir jetzt festgelegt haben, wie wir das Unternehmen zum Servicemarktführer der Branche machen werden. Apropos, in diesem Zusammenhang wäre es ja sicher sinnvoll, dass ich selbst auch mit gutem Vorbild vorangehe und eine entsprechende Weiterbildung besuche. Was meinen Sie?', fragte sie ihren Chef – und erhielt auch prompt die Genehmigung, diese Weiterbildung besuchen zu dürfen!

Wenn sich Menschen einmal dazu entschlossen haben, eine Sache positiv zu beurteilen, schwenken sie nicht kurzfristig um – deshalb macht es durchaus Sinn, nach einer bereits getroffenen Vereinbarung noch eine Forderung nachzuschieben!“ „Meinst du, diese Tipps nützen dir etwas?“, wollte Gabi von Christine wissen.

„Ich denke schon, aber frag mich das doch in ein paar Tagen nach der Gehaltsverhandlung!“

Als Gabi wenige Tage nach Christines Gehaltsverhandlung in ihrem Auto durch die Stadt fuhr, sah sie Christine an einer Fußgängerampel stehen. Gabi hupte kurz, um Christine auf sich aufmerksam zu machen. Christine sah in ihre Richtung und streckte ihr dann einen nach oben gerichteten Daumen entgegen. Dabei lächelte sie vielsagend… Gabi wusste jetzt, wie das Gespräch verlaufen war.

Checkliste für Gehaltsverhandlungen von Gabi

„Liebe Christine, du bekommst nicht, was du verdienst, sondern das, was du verhandelst."

1. Vermeiden Sie einen Einstieg wie „Ich brauche..."
2. Vermeiden Sie Begründungen wie: „Die Inflation hat zugelegt" oder „Die Benzinpreise sind so gestiegen."
3. Stimmen Sie alle Projekte zeitlich gut ab.
4. Außergewöhnliche Dinge werden in außergewöhnlichen Zeiten erreicht.
5. Achten Sie auf einen guten (ruhigen) Gesprächszeitpunkt.
6. Vermeiden Sie „Tür- und Angel-Gespräche".
7. Auch Anfang und Höhepunkte von Projekten eignen sich für Gehaltsgespräche.
8. Oftmals sind die Übertragung neuer Aufgabenbereiche, interne Veränderungen, eine Beförderung des Vorgesetzten oder neue Herausforderungen hervorragende Gesprächssituationen und bieten besonders große Chancen auf eine Gehaltserhöhung.
9. Es reicht nicht aus, ein einziges Mal eine Sache gut zu machen.
10. Erst wenn Sie kontinuierlich Leistung bringen, wird der Chef, Vorgesetzte oder Vorstand auf Ihr außerge-

wöhnliches Engagement aufmerksam und ist viel eher bereit, es entsprechend zu honorieren.

11. Was ist das brennende Problem Ihres Vorgesetzten oder was lässt ihn in der Nacht nicht schlafen?
12. Vermeiden Sie Erpressungen.
13. Sprechen Sie über Auswirkungen.
14. Machen Sie Ihrem Gegenüber richtig bewusst, wie wichtig eine sinnvolle Lösung ist.
15. Machen Sie durch Fragen darauf aufmerksam, welche Auswirkungen eine schlechte Lösung hätte.
16. Es ist entscheidend, dass Sie den Nutzen, den Sie bieten, auch klar und deutlich formulieren.
17. „No risk, no fun."

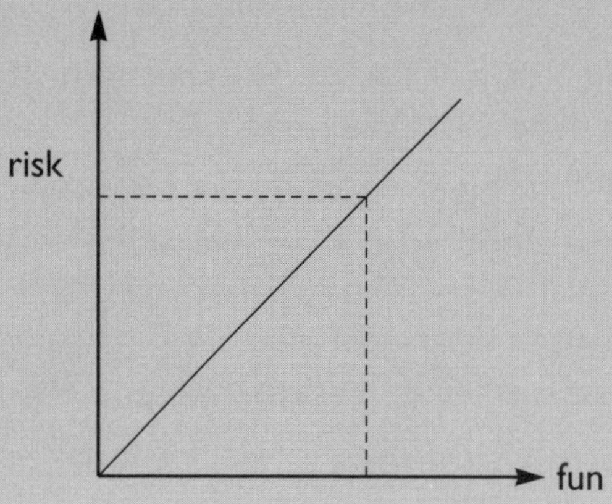

18. Die Augen Ihres Vorgesetzten sehen nicht alles.
19. Nutzen Sie moderne Kommunikationsmittel, um über Ihre Leistungen aufzuklären.
20. Schreiben Sie Briefe.
21. Fangen Sie mit den Vorbereitungen für die Gehaltsverhandlung schon viel früher an und arbeiten Sie zielstrebig darauf hin.
22. Nagen Sie an Verhandlungsergebnissen.
23. Viel Erfolg!

Checkliste zum 11. Kapitel: Von Schlüsseldiensten und Kolumbus …

1. Für Gehaltsverhandlungen gelten folgende Tipps: Streichen Sie das Wort *brauchen*, streichen Sie das Wort *Inflation* oder *Kosten*, entwickeln Sie eine Strategie. Gehen Sie in Schritten vor, machen Sie den Nutzen und das Risiko Ihres Projekts deutlich, und schieben Sie bei erfolgreichem Verhandlungsverlauf gleich noch eine Forderung nach.

2. Strategie heißt nicht nur, dass Sie den Zeitpunkt wählen, in dem Sie Ruhe oder Muße für so ein Gespräch haben. Strategie heißt auch, einen Zeitpunkt zu wählen, der für Ihr Vorhaben günstig ist.

3. Fragen Sie sich: Was ist das wichtigste Problem Ihres Vorgesetzten / Ihres Gegenübers?

4. Je mehr Bereiche Sie finden, auf die sich das, was Sie tun, positiv auswirkt, und je mehr Wirkung sich in den einzelnen Bereichen zeigt, um so wichtiger wird die Aufgabe in den Augen Ihres Vorgesetzten werden.

5. Stellen Sie negative Auswirkungen dar anstatt Druck auszuüben. Z.B.: Warum ist das Projekt so wichtig und was würde bei einer Nicht-Realisierung anders laufen?

6. Denken Sie an das „Schlüsseldienstprinzip“: Der Wert einer Dienstleistung lässt mit dem Zeitpunkt der Erbringung im Kopf des Gegenübers nach.

7. Kommunizieren Sie nicht nur den Nutzen für den Gesprächspartner, sondern auch den Nutzen für das gesamte Team und das Unternehmen.

8. Merken Sie sich: Ohne Leistung keine Gegenleistung! Machen Sie Ihre Leistungen deshalb Ihrem Gegenüber noch einmal bewusst.

9. Stellen Sie Fragen. Wer fragt, zeigt nicht Unsicherheit, sondern vielmehr, dass er einen komplexen Sachverhalt gut erkannt hat und noch besser verstehen will. Durch Fragen können Sie nicht nur Informationen bekommen, sondern gleichzeitig auch einen gewissen Projektstand und einen gewissen Status beschreiben – und damit die Weiterentwicklung eines Projektes anstoßen.

10. Verbessern Sie Verhandlungsergebnisse durch konsequentes Nachfragen und Nachbohren.

12. Kapitel:

Komplimente und Kerzenlicht mit Kai

„Es gibt Tage und Wochen", philosophierte Jan beim nächsten Coachingsgespräch mit Julia, „da läuft alles ganz genauso, wie wir uns das vorstellen. Die Amerikaner haben den schönen Ausdruck Work-Life-Balance dafür. Auch bei Christine gab und gibt es solche Phasen befriedigender Balance. Ich glaube, ganz besonders glücklich war sie, als sie mit ihrem heutigen Mann Kai nach New York flog. Aber zuerst gab es damals ‚Komplimente und Kerzenlicht' …"

Es war kurz vor sieben Uhr. Christine stand vor dem großen Spiegel in ihrem Schlafzimmer, um sich zum allerletzten Mal kritisch zu betrachten. Sie wusste, Kai würde sie in wenigen Minuten zum Abendessen abholen. Ihn zu sehen, darauf hatte sich Christine schon den ganzen Tag gefreut. Gleichzeitig war sie auch etwas nervös. Der heutige Abend würde auf jeden Fall etwas Besonderes werden, das spürte sie. Sie hatte so ein kleines, nervöses Flattern im Bauch.

Kai hatte ihr in den vergangenen Tagen viele Fragen gestellt. „Gibt es ein Restaurant, in das du besonders gerne gehen würdest?", und Bemerkungen wie „Ich habe dich noch gar nie in deinem neuen Abendkleid gesehen. Ich bin sicher, du bist umwerfend darin“, hatten gereicht, um ihre Aufmerksamkeit zu wecken.

Christine gab ihm einen dezenten Hinweis, dass ihr ein wirklich romantisches Candle-Light-Dinner in einer schönen Atmosphäre gut gefallen würde. Er hatte genickt und etwas vor sich hin gemurmelt. Aber als sie ihn gestern gefragt hatte, wo sie denn nun hingehen würden, hatte Kai nur gelächelt und etwas von Überraschung gebrummt.

Aber das war noch längst nicht alles. Als sie heute nach Hause gekommen war, hatte sie in ihrer Post einen Brief von Kai gefunden. Überrascht hatte sie ihn sofort aufgerissen. Wollte er absagen, warum ein Brief, warum hatte er ihr nichts am Telefon gesagt? Ein, zwei bange Momente war sie verwirrt. Bis sie den Inhalt sah: Kai hatte ihr ein Gedicht geschickt!

Als Einleitung hatte er geschrieben: „Liebe Christine, du weißt gar nicht, wie viel du mir bedeutest. Mein Leben ist durch dich so viel wärmer, tiefer und wertvoller geworden. Die letzten Monate haben mir ein solches Gefühl der Klarheit gegeben, und deswegen bitte ich dich, dass du etwas liest, das ich für dich geschrieben habe.“

Kinderaugen

Es sind die Augen.
Augen die entdecken.
Die Neues sehen und mit Altem verbinden.
Die das, was wir nicht wahrnehmen – nicht wirklich wahrnehmen – aber scheinbar wahrnehmen, wirklich sehen.
Und sehen heißt nicht erkennen.
Sehen heißt erforschen.

Sehen heißt lieben.
Die Dinge so fest und so innig zu betrachten, dass unser Blick eins wird mit dem, was wir betrachten.
Das ist das, was erwachsene Menschen lernen nennen.
Es ist das, was Kinder Liebe nennen.
Eins werden mit dem Betrachter.
Die Liebe zu spüren, die diese Augen zeigen.
Die Liebe zu empfangen, die uns diese Augen geben.
Können wir diese Liebe zurückgeben oder meinen wir, es war lediglich Lebensfreude.
Es war mehr.
Mehr als wir geben können.
Es waren die Augen.
Augenblicke.

Christine schluckte, biss sich auf die Unterlippe, ihre Augen wurden feucht. Wie wunderbar. Immer wieder entdeckte sie neue Seiten an ihrem Geliebten. Er hatte ihr gar nicht erzählt, dass er heimlich Gedichte schrieb. Aber das passte irgendwie zu ihm, nach außen sehr sachlich, analysierend, und innen jede Menge zarte Seele. Nie war es langweilig mit ihm. Sie freute sich auf den Abend.

Christine war bereit, wollte das Gedicht gerade ein weiteres Mal lesen, als es an der Tür läutete. Christine öffnete, und vor ihr stand der Liebste. In seiner Hand hielt er ihre Lieblingsblume, eine cremefarbene Rose. Er sah sie mit großen, verliebten Augen an und flüsterte: „Ich kann gar nicht glauben, dass diese wunderschöne Frau wirklich mit mir zum Essen gehen wird".

„Wow, was für eine Begrüßung", dachte Christine. Aber so war Kai. Ein herzlicher und zugleich charmanter Mann, der andere Menschen auf seine einzigartige Weise spüren ließ, wie viel sie ihm bedeuteten.

Um es vorwegzunehmen: Der Abend übertraf alles, was Christine je erlebt hatte. Kai hatte das „Fischer-Schlösschen" ausgewählt. Es lag etwas außerhalb der Stadt auf einer leichten Anhöhe. Vor einigen Jahren war es umgebaut worden und beherbergte nun das exklusivste Restaurant weit und breit.

Als sie ausstiegen, konnte Christine nicht anders, als die wunderschöne Umgebung zu bewundern. Das Anwesen war nicht extrem groß, aber die Architekten hatten hervorragende Arbeit geleistet, um seine Reize in den Vordergrund zu stellen. Das Schloss war von einer hohen Baumgruppe umgeben, und über einen gepflegten Kiesweg gelangte man zum Eingang.

Dort wurden sie von einem dunkelhaarigen Mann in einem perfekt sitzenden Smoking empfangen. Christine staunte nicht schlecht, als Kai und er sich herzlich begrüßten. Kai stellte ihn Christine als seinen langjährigen Freund Roberto vor. Roberto war seit der Eröffnung des Restaurants Geschäftsführer „und immer nur glücklich, wenn seine Gäste auch glücklich waren", wie er ihr in seiner charmanten italienischen Aussprache mitteilte.

Er führte Christine und Kai durch den Saal zu ihrem Tisch, mit Sicherheit dem schönsten im ganzen Restaurant. Der Tisch stand in einer Ecke, und so saßen sie in der Nähe des Kamins, in dem leise ein Feuer knisterte. Durch die hohen Fenster konnten Christine und Kai direkt auf den gepflegten Park und den kleinen Schlossteich sehen, der von Fackeln in ein bezauberndes Licht getaucht wurde.

Der Tisch war mit Blumen, farbigen Glasmurmeln und Kerzen in einem zarten Lila dekoriert. Sie erkannte sofort die Kreativität und Liebe, mit der dieses Arrangement gestaltet worden sein musste. Neben ihrem Gedeck lag ein eingerolltes Pergamentpapier mit einer fliederfarbenen Schleife. Sie öffnete es, und mit wunderschönen handgeschriebenen Buchstaben hatte sie das Menü des heutigen Abends vor sich. Es hörte sich einfach traumhaft an, aber beim Dessert stutzte sie ein bisschen. Es gab „Erdbeeren mit frisch geschrotetem grünen Pfeffer!"

„Sag mal", meinte sie und wandte sich zu Kai, „woher kennt denn der Küchenchef mein Lieblingsdessert?" Roberto, der gerade wieder an den Tisch kam, deutete lächelnd auf Kai: „Weil dieser Mensch gestern Abend zwei Stunden lang mein Personal beschäftigt hat! Mit Guiseppe hat er das Menü zusammengestellt. Die Kellner mussten die Tische dreimal neu arrangieren, bis Kai einen Platz gefunden hat, der ihm gefiel, und für die Tischdekoration hat er unsere Floristin zu Höchstleistungen angestachelt!"

Christine strahlte ihren Liebsten an. Er war jemand, der es verstand, Situationen wie diese zu etwas ganz Besonderem zu machen. Und dadurch gab er den Menschen das Gefühl, selbst etwas Einzigartiges und Wertvolles zu sein.

Schon beim ersten Treffen war Christine Kais Fähigkeit, anderen so individuelle und außergewöhnliche Komplimente zu machen, aufgefallen. Nach einem tiefen Blick in ihre Augen hatte er kurz inne gehalten und gesagt: „Es ist ja nicht nur dieses herrliche Blau, das deine Augen so schön macht, es ist diese Wärme und Lebendigkeit …"

Christine interessierte, ob Kai noch mehr über diese Fähigkeit wusste, Menschen ihre Wertschätzung zu zeigen, als sie bis jetzt bemerkt hatte: „Liebling, verrate mir doch, wie du es schaffst, dass sich Menschen von dir immer so anerkannt und geschätzt fühlen. Dann bekommst du auch eine Überraschung von mir." – Sie dachte an die Burberry-Hose, die sie vor wenigen Tagen gekauft hatte und die, in Schottenkaro-Papier verpackt, in ihrer Handtasche wartete. Es war kein Gedicht, aber es kam ebenfalls von Herzen. Ich bin halt doch eher die Praktische in unserer Beziehung, dachte sie amüsiert.

Kai wurde fast ein wenig verlegen und antwortete: „Weißt du, es gibt kein Schema, aber ich versuche jedes Mal aufs Neue, wahre Leidenschaft zu entwickeln – das Besondere eines Menschen zu entdecken und zu würdigen. Vor langer Zeit habe ich einmal folgenden Satz kennen gelernt, der mir sehr viel bedeutet: ‚Lob ist gleichzeitig Anerkennung'. In Anerkennung stecken die Begriffe ‚erkennen' und ‚kennen'. So wie ich das verstehe, bedeutet das: Erst wenn wir jemanden kennen, können wir ihn erkennen und seine Fähigkeiten, Besonderheiten und seine Einmaligkeit anerkennen. Das heißt, dass wir unser Gegenüber mit allen Sinnen wahrnehmen, ansehen, zuhören, spüren, ja sogar ‚riechen können', wie die deutsche Sprache es so schön beschreibt.

Leider schaffen wir das nicht immer: Wir loben andere oft, ohne sie dabei direkt anzublicken. Manchmal sprechen wir nicht einmal die Person an, von der wir reden. Vor allem in größeren Gruppen oder bei Besprechungen kommt es häufig vor, dass über Menschen, nicht zu anderen Menschen geredet wird."

„Das kenne ich aus eigener Erfahrung", sagte Christine.

„Erst heute," sprach Kai weiter „hat in der Besprechung bei uns in der Firma jemand gesagt: ‚Herr Dietel hat das wirklich gut gemacht!' Er hat also in der dritten Person über Herrn Dietel gesprochen, obwohl er im Raum anwesend war. Deshalb", so fasste Kai den ersten Punkt zusammen, „besser immer direkt und mit direktem Blickkontakt loben oder ein Kompliment machen – sonst war es umsonst." Und dabei versenkte er seinen Ich-verlier-mich-in-dir-Blick in Christines Augen.

Sie schwiegen lange und stießen sanft mit ihren Champagnergläsern an.

„Und weiter?" fragte Christine schließlich mit belegter Stimme. Auch Kai räusperte sich und nahm noch einen Schluck. „Zweitens versuche ich, mich immer auf eine einzige Eigenschaft zu konzentrieren. Die meisten Menschen sagen zuviel auf einmal – so in der Art: ‚Ich finde dich toll und wunderbar und schön und attraktiv, klug, kreativ, sportlich, witzig … Und noch dazu verwenden die meisten Wörter wie ‚toll', ‚super' und ‚klasse', ohne damit etwas wirklich Konkretes zu benennen. Das ganze wirkt unglaubwürdig und kann einen Menschen sogar verletzen. Deshalb vermeide ich es, mehr als eine Eigenschaft zu beschreiben – und wenn, dann mit möglichst authentischen Begriffen."

„Drittens", fuhr er fort, „unterscheidet sich ein aufrichtig gemeintes Lob von einer oberflächlichen Schmeichelei dadurch, dass dem Lob eine wahre Begründung folgt. Was nützt das schon, nur zu sagen: ‚Hey, ich finde dich toll'. Es muss doch heißen: ‚Ich finde dich toll, weil …' Erst das, was nach dem Wörtchen *weil* gesagt wird, ist es doch, was die

Person ganz konkret so schön, so besonders, so liebenswert macht. Erst durch die Begründung können wir Menschen dazu bewegen, das Gesagte wirklich zu glauben. Sonst hat der Gelobte immer diesen negativen Beigeschmack, der ihn an dem Gesagten wieder zweifeln lässt: Stimmt das – oder stimmt das nicht? Meint der andere es nun ernst oder nicht?"

„Mmmmh," sagte Christine. „Ich verstehe, was du meinst. Aber sag mal, vorhin hast Du erwähnt, dass eine Eigenschaft mit möglich authentischen Begriffen beschrieben werden soll. Ich bin mir nicht sicher, ob mir da tatsächlich so viele Beschreibungen einfallen werden, wenn ich das nächste Mal ein Kompliment machen möchte. Mit fällt immer nur gut, prima oder schön ein."

Kai lachte: „Wir sind ja eigentlich hier, um ein romantisches Dinner zu zelebrieren. Aber hast du Lust auf eine kleine Übung?"

„Na klar."

„Lass es uns doch einmal mit dem Wort ‚schön' versuchen und dafür gemeinsam sechzig andere Worte finden."

„Sechzig?!" sagte Christine. „Bist du verrückt?!"

„Glaub mir, das geht. Lass uns einfach mal gemeinsam beginnen."

Er zog einen Zettel und einen Stift aus der Tasche und fing schon an, die ersten Worte aufzuzählen: „Faszinierend, aufregend, bezaubernd, betörend, attraktiv …"

Christine fuhr fort: „Wundervoll, herrlich, hübsch …" Ein Wort ergab das andere. Innerhalb kürzester Zeit hatten sie eine lange Liste mit 65 Synonymen für das Wort ‚schön'.

„Bekomme ich nun die Überraschung, von der du vorher gesprochen hast?", fragte Kai und strahlte sie an.

Christine war sich nicht ganz sicher, ob das Restaurant der richtige Rahmen war, um das Geschenk zu überreichen, aber als Kai die Hose auspackte, sah sie, dass er sich wirklich aufrichtig darüber freute. „Oh, danke, weißt du, dass ich mir schon lange eine solche Hose kaufen wollte? Ich habe nur nie die Zeit gefunden", sagte er, hauchte ihr einen Kuss über den Tisch – und fügte mit einem leicht neckenden Unterton hinzu: „Du bist nicht nur die Frau, die meinen Abend beglückt, die Frau, die mein Leben bereichert, die Frau, die mein Herz höher schlagen lässt, die Frau, die mich glücklich aufwachen lässt, die Frau, deren Herz ich täglich erobern will … Du bist auch die Frau, die mir immer wieder zeigt, dass sie an mich denkt …"

„Übertreib nicht so!" entgegnete Christine, musste aber dabei doch lachen. „Das war jetzt aber weit mehr als eine Eigenschaft. Trotzdem nett zu hören." Beide strahlten sich an.

Das Essen, eine Aneinanderreihung von kulinarischen Kunstwerken, war fast zu Ende, als Kai plötzlich Christines Gehaltsverhandlung einfiel: „Sag mal, wie hat denn eigentlich dein Chef auf deine Profi-Strategie reagiert?"

„Ach, das lief einfach phänomenal, kann ich Dir sagen", begann Christine und wusste gar nicht, was sie zuerst erzählen sollte. „Ein Highlight folgte dem anderen. Es lief genauso, wie ich es mir vorgestellt hatte. Er folgte meiner Argumentation, überschüttete mich mit Lob, gab mir zu verstehen, dass er noch Großes mit mir vorhat. Am meisten freut mich aber natürlich, dass ich am Schluss des Gesprächs einen Bonus bei Herrn Friedhelm bekommen habe."

„Also hat er ‚ja' gesagt zu all deinen Forderungen?", fragte Kai neugierig.

„Ja, und nicht nur das", antwortete Christine, „er hat sogar die Realisierung einer weiteren neuen Büromöbellinie befürwortet, für die ich verantwortlich sein soll! Ist das nicht fantastisch?!"

„Ja, absolut! Christine, ich freue mich sehr für dich, weil ich weiß, wie hart du daran gearbeitet hast. Ich finde, du hast noch eine besondere Auszeichnung verdient", sagte Kai. Er zog einen winzigen Miniatur-Schreibtisch aus seiner Tasche und überreichte ihn Christine. „Für die neue Spitzendesignerin bei Office!"

„Ach, das ist aber süß", meinte Christine gerührt. „Sieh mal, der Schreibtisch hat ja sogar bewegliche Schubladen!"

„Willst du sie denn nicht öffnen?", fragte Kai. Das tat Christine, und als sie die letzte der Schubladen herauszog, lag dort der Verlobungsring …

Julia hatte das Mentoringprogramm fast beendet und dabei sehr viel von Jan gelernt. Das Beispiel von Christine half ihr, ihren Weg und ihre Positionierung im Unternehmen zu finden. Sie freute sich auf die Herausforderungen, die sich ihr noch stellen würden, und wusste, dass sie immer jemanden an ihrer Seite hatte, den sie fragen konnte.

Checkliste zum 12. Kapitel: Komplimente und gelungenes Lob

1. Versuchen Sie, wahre Leidenschaft zu entwickeln, um das Besondere eines Menschen zu entdecken und zu würdigen.

2. Erst wenn wir jemanden kennen, können wir ihn erkennen und seine Fähigkeiten, Besonderheiten und seine Einmaligkeit anerkennen.

3. Sprechen Sie nicht über, sondern zu der Person, die Sie loben wollen, und schauen Sie sie dabei an.

4. Konzentrieren Sie sich bei einem Lob auf eine Eigenschaft, sonst wirkt es unglaubwürdig.

5. Ein aufrichtiges Lob unterscheidet sich von einer oberflächlichen Schmeichelei dadurch, dass ihm eine Begründung folgt.

Nachwort:

Und die Moral von der Geschicht'?

Liebe Leserin,

jetzt haben Sie die Chance, Anregungen aus diesem Buch in die Praxis umzusetzen. Wir als Trainer/innnen können Ihnen bestätigen, dass dies die anspruchsvollste Phase ist. Denn: Das Wissen allein reicht noch nicht, auf die Umsetzung kommt es an.

Wir wünschen Ihnen dafür:

1. Mut, um Ihre Projekte anzupacken
2. Vertrauen, um an Ihre Fähigkeiten zu glauben
3. Kraft, um Dinge zu verändern
4. Spaß, um Neues auszuprobieren
5. Klugheit, um das Richtige zu tun
6. Humor, um Schwächephasen zu überstehen.

Wir hoffen, dass Ihnen unser kleiner Pocket Guide dabei ein hilfreicher Wegbegleiter sein kann. Vielleicht mögen Sie vor Gesprächen oder Verhandlungen noch einmal kurz nachschauen: Wie hätte Christine das gemacht? Denken Sie daran: Für das Marketing in eigener Sache brauchen Sie Strategien. Viele Menschen glauben immer noch, das gute Leistungen für sich selbst sprechen. Sie wissen es jetzt besser. Leistungen, Fähigkeiten und Ideen müssen kommuniziert werden. Wir wünschen Ihnen dabei viel Erfolg, so dass Sie sagen können: Jetzt komme ich!

Dank

Unser herzliches Dankeschön für die Unterstützung bei der Arbeit an diesem Buch gilt:

Ralf Bolay, Uli Borkowski, Kerstin Feix, Hans-Jochen Fröhlich, Ilona Geitner, Sabine Hübner, Monika Jonza, Barbara Kiesewetter, Elisabeth Moosreiner, Katrin Müller, Carina Quast, Siynet Spangenberg und Leni Stimmelmayr.

Zu den Autoren

Möchten Sie mehr von Sabine Asgodom wissen:

Deutschlands Selbstvermarktungsexpertin Nummer Eins führt Seminare zu folgenden Themen durch:

- Eigenlob stimmt – Erfolg durch Selbst-PR
- Weck die Kraft, die in dir steckt – Potenzialentwicklung
- Überzeugende Presse- und Öffentlichkeitsarbeit
- So nutzen Sie Ihre sieben Sinne zum Erfolg
- Standing ovations – Überzeugend auftreten
- Von der Präsentation zur Performance
- Die sieben Schlüssel zur Gelassenheit
- Work-Life-Balance

Sabine Asgodom bietet daneben persönliche Coachings:

Sie stehen im Mittelpunkt: Durch gezielte Fragen potenzieren wir Ihre Fähigkeiten, richten die Perspektive von Schwächen auf Stärken. Sie bekommen Methoden und Strategien in die Hand, um Träume in erreichbare Ziele zu verwandeln. Wir finden gemeinsam die besten aller Lösungen – Ihre eigenen. Wir bieten zweistündige Kick-Off-Coachings und Intensiv-Tagestermine, entweder einmalige Starthilfe oder Begleitung über mehrere Monate.

Mögliche Coaching-Themen:

Potenzialentwicklung
Bewerbungsberatung
Selbst-PR
Beziehungsmanagement
Work-Life-Balance
Redetraining
Konfliktmanagement
Medienauftritte
Existenzgründung
Train-the-Trainer

Mehr Informationen bei:

ASGODOM LIVE
Bülowstraße 5
81679 München
Fax 089/9824749–8

Oder besuchen Sie uns auf unserer Homepage im Internet:

www.asgodom.de

Möchten Sie mehr von Hermann Scherer wissen:

Was nützt es gut zu sein, wenn niemand es weiß! Es gelten neue Spielregeln um die Poleposition im Leben oder im Markt. Positionieren Sie sich als Sympathieträger oder Top-Unternehmen. Als Mensch oder Marke, die andere begeistert. Das sind die Schwerpunkte von Hermann Scherer:

Verkauf
Strategien für Ihre Poleposition in Verkauf und Verkaufsmotivation
Selling at its best – Leistung wird erst dann zum Wert, wenn sie verkauft ist

Verhandlung
Strategien für Ihre Poleposition in Verhandlungen
Sie bekommen nicht, was Sie verdienen, sondern das, was Sie verhandeln

Unternehmenserfolg/Präsentationen
Strategien für Ihre Poleposition im Markt
Sie sind gut und keiner weiß es – so lernt der Markt Sie kennen

Motivation:
Strategien für Ihre zukünftige Poleposition
Rücken Sie vor bis zur Schlossallee

Der Konsumexperte ist einer der führenden Redner und motivierenden Eventspeaker in Deutschland. Aufgrund seines mitreißenden Vortragsstils und seiner gekonnten Rhetorik wird er deshalb als Gastreferent bei Veranstaltungen, Tagungen, Kongressen und TV-Sendungen sehr geschätzt. Seine zahlreichen Auftritte als Redner bei Kick-Off-Veranstaltungen und die enge Zusammenarbeit mit internationalen Top-Unternehmen haben Hermann Scherer den Ruf eines „Markenmachers“ eingebracht.

Mehr Informationen bei:

Unternehmen Erfolg®
Ismaninger Straße 47
85356 Freising
Telefon 08161/9919–0
Telefax 08161/9919–19
h.scherer@unternehmen-erfolg.de

Oder besuchen Sie uns auf unserer Homepage im Internet:

www.unternehmen-erfolg.de

Literaturverzeichnis

Amon, Ingrid: *Die Macht der Stimme.* Wien, Ueberreuter Wirtschaftsverlag, 2000

Asgodom, Sabine: *Eigenlob stimmt. Erfolg durch Selbst-PR.* München: Econ, 1999

Asgodom, Sabine: *Reden ist Gold.* München, Econ Verlag, 2997

Bolles, Richard Nelson: *Durchstarten zum Traumjob.* Frankfurt/Main, Campus Verlag, 2000

Branden, Nathaniel: *Die sechs Säulen des Selbstwertgefühls.* Hamburg, Kabel Verlag, 1995

Christiani, Alexander: *Weck den Sieger in Dir.* Wiesbaden: Th. Gabler Verlag, 2000

Harris, Thomas A.: *Ich in o.k. Du bist o.k.* Reinbek, Rowohlt Taschenbuch Verlag, 1975

Kinskofer, Lieselotte und Zander, Willi: *Alpha, Rhetorik.* München: TR-Vlgs-Union, 2000

Löhr, Jörg und Pramann, Ulrich: *So haben Sie Erfolg.* München: Südwest Verlag, 2000

Märtin, Doris: *Image Design. Die hohe Kunst der Selbstdarstellung.* Heyne Verlag, München, 2000

Pallas, Alfred R. Stielau Pallas: *Märchenhafte Freiheit.* Pallas Verlag 1986

Scherer, Hermann (Hrsg.): *Von den Besten profitieren.* Offenbach: GABAL Verlag, 2001

Scherer, Hermann: *Jeder Tag ist Schlussverkauf.* Offenbach: GABAL Verlag, 2001

Satir, Virginia: *Mein Weg zu dir.* München, Kösel-Verlag, 1989

Satir, Virginia: *Meine vielen Gesichter.* München, Kösel-Verlag, 1988

Ulsamer, Bertold: *Karriere mit Gefühl.* Frankfurt/Main, Campus Verlag, 1996

Stichwortverzeichnis

A

Abschlussatmosphäre 131, 135
Adrenalinstoß 151
Alternative 56, 76, 131
Alternativen-schaffen-Prinzip 131
Analogie 114, 117, 140, 145, 147, 159, 162
Analyse 87, 94, 111, 156
Anerkennung 40, 188
Angebot 19, 26, 31, 33, 36,128f., 134
– unmoralisches 25, 36
– unwiderstehliches 35
Angriff, verbaler 63
Angst 20, 34
Ansehen 69, 81
Arbeitszufriedenheit 152
Argument 25, 26, 28, 33, 37, 104, 111, 159,
Argumentation(s-) 114, 191
-kette 46 121
Aufmerksamkeit 99, 109, 120f.
Auftreten, überzeugendes 24, 36
Auseinandersetzung 79
Ausgeglichenheit 59
Aussage, allgemeine 41
Aussehen 69f., 81
Äußerlichkeit 99
Auswirkung 168f., 179

B

Balance 183
Ball zurückgeben, den 63f., 68
Beförderung 167, 178
Begeisterung 36
Begründung(s-) 42, 114f., 124, 178
-burger 113f.
Begrüßungsformel 104
Behauptung 42, 46
Beispiel 116
Bescheidenheit 151
Besprechung 20, 39, 41, 48, 51
– Tipps für 41ff., 44
Beweis, beweisen 26, 114f., 124
Beziehungen 12
Bilder 140
Blickkontakt 108, 122, 189
Brief 174, 180
Burberry-Hose 70f., 188
Businessplan 133

C

Candle-Light-Dinner 184
Charme, weiblicher 131
Coaching 63
Contra-Ratgeber-Strategie 56ff., 60, 67

Correctness 69, 81
Courage 51

D

Dementieren 159
Demonstration 114, 116
Denken, analytisches 140, 147
Diagramm 101
Dienstleistung 170, 182
Diskussion 79
Dreischritt-Methode 15, 17

E

Ehrlichkeit 34
Ei des Kolumbus 170
Eigenschaft 114
Einbinden 130
Eindruck 107f., 122
Einstellungsgespräch 11
Einstieg 178
Einwand 64, 157f., 160, 162
– unbegründeter 159
Eleganz 69, 81
Emotion 109, 122
Engagement 167
Entscheider 89
Entscheidung 46, 53, 67
Entwicklung, persönliche 13
Erfolg, beruflicher 14
Erfolgsgeschichte 13
Erklärung, erklären 116, 159, 162
Erpressung 179
Eselsbrücke 158
Expertenzeugnis 114, 117

F

Fachbegriff 100
Fähigkeit 17
Fakten 42f., 45, 48
Falle 63, 122
FEDAUL 159
Feinheiten 146
Flip-Chart 103, 110f.
Floskel 104f.
Formulierung 47, 60, 106
Führung 115, 124

G

Gedicht 184
Gegenangebot 129
Gegenfrage 47, 64, 68, 152, 159, 162
Gegenleistung 130, 134, 172
Gehalts-
-erhöhung 81, 165ff., 172
-verhandlung 14, 79f., 165ff., 168, 171, 174, 177f., 180f.
Gesamtfirmeninteresse 129
Geschichte 7, 145
Gesprächs-
-position 131
-strategie 176
-vorbereitung 176
Gleichnis 140f., 147
Grenzen setzen 60

H

Hauptaussage 43
Herausforderung 20f., 34, 167, 178,
Höchstleistung 21
Hochzeitsrede 138

I

Idea-Selling 25
Idee, kreative 24
Implikation 168
Information(s-) 87, 94, 150
-verlust 93
Interesse 165
Interview 40, 43, 146, 149, 154,
– im Fernsehen 156
IPA-Prinzip 87, 94
Irresistible offer 23, 25
Journalistin 43, 146, 153ff., 160

K

Kampfeswille 126
Kaufbereitschaft 119, 124
Kleidung 70
Kommunikation(s-) 29
-kette 88
-mittel 172f., 180
Kompetenz 26–29, 34, 36, 150
– fachliche 12, 15
– soziale 15
– zwischenmenschliche 153
Kompliment 189f., 193
Kongress 97, 102
Konkurrent 22, 25
Kontakte 12
Konzentration 20, 102
Körper-
-haltung 107, 122
-sprache 70, 81
Kreativität 40
Kritik 156
– konstruktive 157
– Kunst der 156

L

Lampenfieber 20f., 104
Leerformel 105, 122
Leidenschaft 146f., 188, 193
Leistung(s-) 12, 17, 22, 27, 30–33, 167, 172, 174, 178
-spektrum 30
Lieferant 128f.
Lob 188f., 191, 193
Lösung 56ff., 81, 87, 94, 113, 160, 163, 174, 179
Luftballonspiel 138, 144

M

Manipulation 55
Marke 14
Marketing 12
Meditations-Übung 104
Mehrabians Formel 70
Mentor 11, 13, 17, 45, 192,
Metapher 7, 117, 139f., 145, 147

Mitarbeitermotivation 168
Moderator 44, 49
Motivator 145

N

Nachfragen 182
Nachlass 71, 73f.
Nagen 130, 134, 176
Namedropping 98
Nein sagen 60, 67
Nervosität 21, 104
Nicht-alles-annehmen-Strategie 60, 67
Niedergeschlagenheit 126
Nutzen 29, 33, 36, 76, 87, 114
– kommunizieren 29ff., 37, 151, 179, 182

O

Öffentlichkeit 43

P

Partnerschaft 144
Personalchef 168
Persönlichkeit 14, 70
Plausibilität 45
Präsentation(s-) 23–27, 34, 36, 39ff., 43, 47, 51, 69f., 84–89, 94f., 97, 99, 103f., 107, 112f., 116, 119–125, 149, 158, 162,
-falle 99
-fehler 99
-kalkulation 128
Preis(-) 30
-ball 61
-nachlass 81
-vorstellung 61, 64
Pressegespräch 149
Prinzip der heißen Kartoffel 65
Prinzipien des Erfolgs 13
Privatleben 14, 137
Problem 60, 62, 64, 66, 87, 94, 167, 179, 181
– analysieren 56
Protokoll 44, 49
Puffer 158

Q

Qualifikation 12, 153, 155
Qualität 14, 26–36, 118, 150

R

Rabatt 76–79, 160
Ratgeber 52–55
Ratschlag 53, 55, 59, 67
Redepause 133
Referent 97, 102, 104,
Referenz 114, 116
Respekt 144
Risikobereitschaft 172
Roman 7f.
Rückblick der Woche 174

S

Schaustück 114, 116, 120
Schlüsseldienstprinzip 169, 181f.
Schlüsselwortpräsentation 110, 123
Schluss-
-folgerung 46,
-forderung 132, 135
Schmeichelei 189, 193
Schraubenzieher-Prinzip 84, 86, 94
Schublade 111, 122
Schwäche 34
Schweigen 132
Selbst-
-bewusstsein 161
-darstellung 12
-hilfe 62
-PR 12, 15, 174
-vergessenheit 103
Service 26–28, 34, 150
Souveränität 153
Sprachstil 41, 48
Stärke 161f.
Statistik 114, 117
Stimme 70, 81
Stimmlage 100
Symposium 97
Synonym 191

T

Talent 17
Tatsachendarstellung 114
Testimonial 116
These 42, 46, 113
Toleranz 144
Tonfall, fordernder 76
Tonlage 70
TOP's (Tagesordungspunkte) 45, 48f.
Übertreibung 92
Überzeugung(s-) 84, 146
-kraft 33, 37
-wirkung 140
Umkehren 159
Un-Wort 105, 122

V

Verantwortung 52f.
Verbündeter 159, 163
Verhandlung(s-) 14, 80f., 129ff., 165f.
-ergebnis 74, 81, 180
-gespräch 72
-position 128
Verkaufs-
-system 119
-gespräch 116
-situation 72
Vision 84
Visualisieren 124
Vorbereitung 23, 104, 180
Vorbild 13
Vorführung 116
Vorteil 37
Vortragsweise 99

W

Wasserbett 61, 64
Wertschätzung 188
Wettbewerb 14, 21f.
Wettbewerber 29, 33, 36
Widerspruch 113
Wirkung 70, 168, 181
Wissens-
-fluss 88, 94
-spirale 90
-vorspung 23
Work-Life-Balance 183
Wort-
-hülse 122
-schatz 79
Wunsch 94

Z

Zeigarnik, Bluma 111
Zeigarnik-Effekt 111f.
Zeit(-)
– gewinnen 158
-manager 44, 48
-punkt 181
– Vergeudung 43
Zeitung 40, 42, 149
Ziel-
-erreichung 172
-gruppe 48, 160
-manager 44f., 49
Zufriedenheit 14
Zugeständnis 79, 130, 134
Zuneigung 144
Zusatzangebot 119
Zwischenfrage 100f.